Couverture inférieure manquante

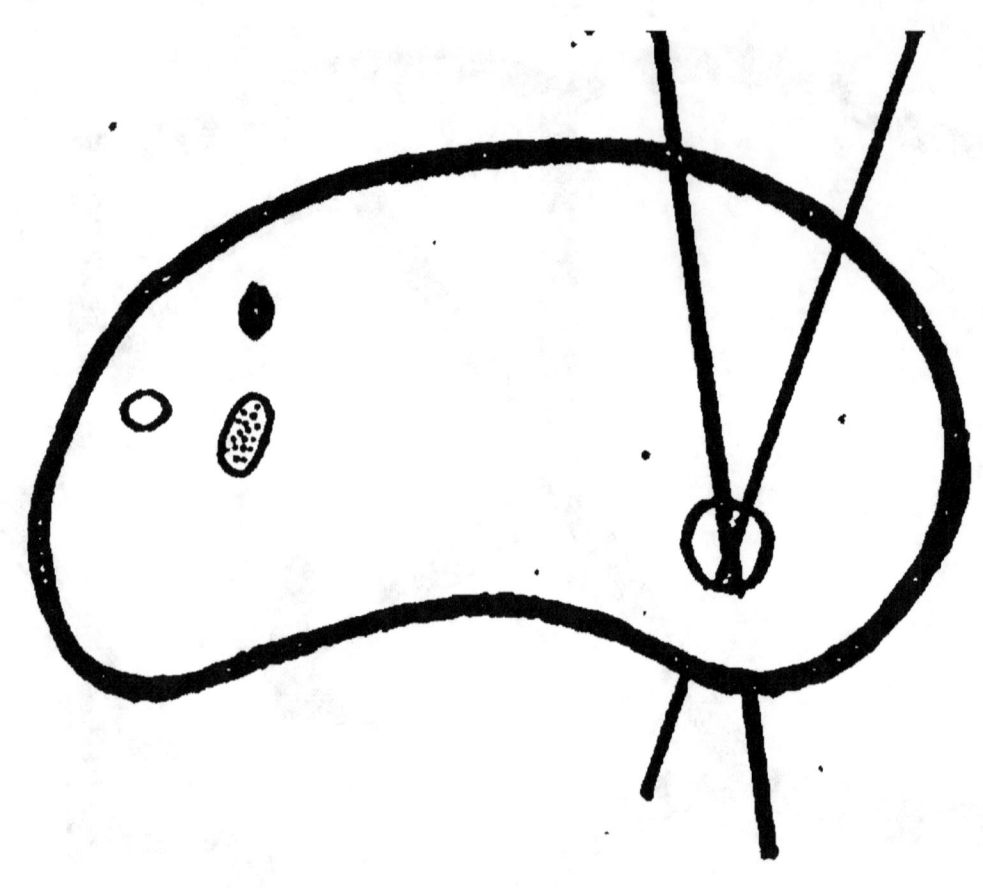

ORIGINAL EN COULEUR
N° Z 43-120-8

ANALYSE
D'ANCIENNES ARCHIVES

DE

FRESNAY-LE-VICOMTE

PAR

P. MOULARD

MAIRE DE SOUGÉ-LE-GANELON

ANCIEN ARCHIVISTE-ADJOINT DE LA SARTHE

MEMBRE DE PLUSIEURS SOCIÉTÉS SAVANTES

LE MANS

IMPRIMERIE E. LEBRAULT & FILS

4, RUE AUVRAY, 4

—

1895

NOTICE

DE

NOTRE-DAME DE FRESNAY-SUR-SARTHE

300. — Defensor donna à saint Julien Fresnay et autres biens. (Cauvin.)

Saint Domnole, évêque du Mans (560-581), dota richement l'abbaye de Saint-Vincent, lui donna plusieurs fonds de terre, entre autres le domaine de Fresnay (*Fraxinidum*), avec les vignes, forêts, prairies, eaux et cours d'eau, avec les dix familles, qui habitaient et cultivaient cette terre. (*Histoire de l'Église du Mans*, t. I, p. 262-263.)

Saint Aldric, évêque du Mans (832-856), fonda une métairie à Fresnay. (*Histoire de l'Église du Mans*, t. II, p. 231.)

L'abbaye de Saint-Nicolas d'Angers, trouva un bienfaiteur dans la personne de Suhard Tedhelin, qui lui donna le prieuré de Saint-Étienne de Gennes. Le prêtre Geoffroy de Morelo s'étant fait moine de l'abbaye de Saint-Nicolas, apporta des biens considérables, qui furent réunis sous le patronage de Saint-Léonard et de Notre-Dame. Ce prieuré avait été fondé par les anciens vicomtes du Maine, et ils le donnèrent à l'abbaye de Saint-Aubin d'Angers. Il eut des jours de prospérité, et on lui donna pour annexe le prieuré de Champfleur. (*Id.*, t. III, p. 399.)

« En 1007, Robert, fils de Guillaume-le-Conquérant, prince de Normandie et comte du Maine, donne et concède, à perpétuité, au monastère de Saint-Vincent du Mans, la dixième partie des redevances ou *sorties* accoutumées qui sont dues au château de Fresnay, pour le salut de l'âme de son père Guillaume, roi d'Angleterre, comte de Normandie et du Maine. » (Pesche.)

L'église de Fresnay est dédiée à la Sainte-Vierge.

La cure, estimée 5 à 600 livres, est à la présentation de l'abbé de Saint-Aubin d'Angers.

On compte parmi les bénéfices : le prieuré du château, estimé 500 l., à la même présentation que la cure; la chapelle de Saint-Gilles, estimée 60 l.; celle de Saint-Jean, estimée 105 livres, les deux sont à la présentation de l'évêque du Mans; la chapelle de Saint-Ladre ou Saint-Lazare (Lepaige) ; la chapelle de Saint-Sauveur, qui paraît avoir été un ancien prieuré d'hommes, dépendait de l'office de pitancier de l'abbaye de la Couture du Mans, et fut réunie à la mense de cette abbaye, par décret du 5 juin 1611 (Pesche).

La chapelle de Saint-Joseph et des Vaux, hors de la ville, sur la rive gauche de la Sarthe ; id. de la Madeleine, à la présentation de l'abbé de Saint-Aubin d'Angers, sur la rive droite.

L'église de Notre-Dame de Fresnay remonte à l'époque de la transition du roman à l'ogive. Elle fut édifiée à la place d'une église très ancienne et tombant en ruine à la suite des guerres.

On peut classer l'église de Fresnay, sous le rapport de l'art, parmi les édifices les plus intéressants du Maine. Le style roman, déjà mêlé à l'ogive, y apparaît dans sa plus grande pureté. Sa forme est celle d'une basilique, avec abside à l'orient, d'abord sans transepts et sans parties latérales.

Elle a 100 pieds de longueur sur 30 de largeur, dans l'œuvre.

Une grande porte romane, à trois arcs en retraite, ornée de torses, de dents de scie et d'une sorte d'entablement pratiqué dans l'épaisseur de la muraille, soutenu par des modillons, orne la façade, qui a trois baies romanes, avec une fenêtre au haut du pignon. A l'approche du toit, se voit la figure d'un guerrier en ronde bosse.

Le portail, dont le vantail à droite, porte le millésime 1528 est en bois et d'un travail bien remarquable.

Il se compose de deux vantaux en chêne sculpté, et divisés chacun en douze panneaux. Du côté gauche en entrant, on reconnaît l'arbre de Jessé, prenant naissance dans le sein d'un patriarche, étendant ses rameaux sur les douze panneaux qui renferment les douze rois de Juda, sortant du calice d'une fleur.

Sur le vantail de droite on remarque Jésus en croix entre les deux larrons, puis, son apparition à Madeleine sous la figure d'un jardinier. Les douze apôtres occupent chacun une niche, avec les décorations en usage au commencement du XVIe siècle.

Sur les traverses séparatives de chaque panneau sont gravés, en lignes horizontales, les premiers mots du symbole des Apôtres. Au milieu du portail, sur l'un des deux vantaux, se profile une colonnette, surmontée d'une petite niche renfermant Dieu, le Père.

Assurément, la valeur archéologique de ce portail est d'un prix inappréciable, surtout depuis sa restauration par MM. Reboursier, du Mans.

Le pourtour de l'église est orné de modillons représentant des figures d'animaux, des fleurs, des têtes grimaçantes et de personnages qui supportent l'entablement.

Vers 1881, toutes les murailles furent enduites à neuf ; tous les contreforts furent réparés ; un clocheton fut élevé sur l'escalier qui monte au clocher, et remplaça une couverture en appentis d'un mauvais effet. Tous les joints de roussard furent tirés à blanc ; l'abside et la nef sans entablement et sans modillons en furent pourvues, dans le style du transept, nouvellement construit.

Une grille en fer fut posée autour de l'église en vue de la préserver des ordures qui s'y amassaient.

La construction du transept commença en 1865 et fut terminée l'année suivante, sous l'habile direction de M. Lemesle, architecte ; le cadran de l'horloge fut placé au midi et le timbre fut disposé sur un des côtés extérieurs du clocher qui renferme trois belles cloches. Alors, l'église trop petite offrit de l'espace pour une population de 3.000 habitants (1).

Tous les travaux et achats de maisons avec les dépenses de toutes sortes dépassèrent la somme de 90.000 francs.

Une tour octogone, qui mesure 70 pieds de hauteur, 30 pieds de diamètre à sa partie supérieure, s'élève sur la première travée du vaisseau de l'église, et quatre clochetons en pierre l'encadrent. Elle est percée de quatre baies géminées doublement, dont deux romanes et deux ogivales. Ces fenêtres sont du plus bel effet.

Sur cette tour repose un clocher en bois couvert en ardoise et surmonté d'une croix en fer qui émerge de 150 pieds au-dessus du sol. Du plus loin, le voyageur, arrivant par la route de Mamers, a pour objectif la masse imposante du clocher dont la flèche s'élance dans les airs.

A l'intérieur, l'église se compose de trois travées, séparées

---

(1) L'église de Fresnay, qui ne présentait qu'une simple nef, fut gracieusement modifiée par l'adjonction d'un transept dont les arcades, d'une grande hardiesse, ont été ouvertes sous le clocher. Les voûtes vont rejoindre celles de la nef, en adoptant le même style.

par des arcs doubleaux, légèrement en ogive, et de l'abside en berceau.

L'encadrement de plusieurs fenêtres est en pierres blanches, alternant avec du grès roussard. La partie supérieure de quelques arcades est évasée en étoile dont les rayons s'inclinent vers le centre.

Presque toutes les églises de notre contrée, antérieures au XIII° siècle, étaient peintes à l'intérieur. Dans l'église de Fresnay, on retrouve partout, sous une triple couche de badigeon, des peintures murales dont le souvenir s'est conservé. Elles ont fini de disparaître vers 1820. La fresque de la voûte de l'abside, badigeonnée, en 1820, par une main inconsciente, représentait le Sauveur, assis sur son trône, la main dextre bénissant, l'autre posée sur un globe. Ses yeux étaient disposés de manière à voir dans toutes les directions ; autour de lui figuraient les évangélistes, et au-dessous, deux anges, l'encensoir à la main.

Le grand autel en pierre de Caen, avec ses statues, est dû au ciseau de M. Cosnard, du Mans, et a été donné par la ville de Fresnay, ainsi que le payage du chœur. Les 10 stalles et la boiserie du chœur sont sorties des ateliers de MM. Reboursier, artistes du Mans.

Les deux chapelles absidales furent garnies d'autels en marbre blanc qui furent dédiés à la Sainte-Vierge et à Saint-Joseph. 1867.

Successivement, les trois absides furent ornées de peintures par M. Renouard, artiste d'un vrai talent.

Les pilastres, colonnes, arcades, nervures et fenêtres de l'édifice qui étaient, comme le reste, recouverts de badigeon, en ont été débarrassés. Le grès roussard est demeuré apparent, et des joints, tirés en blanc, frappent l'œil du spectateur.

L'abside et la première travée sont toutes en grès roussard ; la seconde est mi-partie en roussard et mi-partie en pierre blanche ; la troisième est entièrement en pierre blanche. La construction d'une quatrième travée a été souvent agitée ; assurément, elle compléterait l'édifice et permettrait de faire disparaître les tribunes qui, tout en donnant de l'espace, produisent le plus mauvais effet.

Depuis quelques années des bancs, un parquet ont été posés et des allées en mosaïques ont remplacé le pavé, ce qui donne à l'église un cachet d'élégance.

NOTES

22 janvier 1591, le vent renversa le clocher de Fresnay ; alors, la fabrique dut vendre de ses biens pour arriver à une restauration.

Les Huguenots quittèrent Le Mans, le 11 juillet 1562 et vinrent à Beaumont et de là à Fresnay. Dans les églises de ces deux villes, ils se livrèrent au pillage et au meurtre. Celle de Fresnay fut dévastée, les cloches furent brisées.

La Grande Révolution dépouilla N.-D. de Fresnay, y établit le Temple de la Raison où se tinrent les réunions décadaires et celles de l'Assemblée du Peuple.

23 décembre 1631, à 7 heures du matin, la foudre tomba sur l'église de Fresnay et brisa tout dans le clocher. (Voir les comptes de fabrique.)

Le 6 mars 1751, le tonnerre éclata sur l'église et fit des ravages, estimés à 3.720 livres. Mme de Tessé donna 600 livres.

Le 26 avril 1858, à 8 heures du matin, le feu se déclara dans une maison, située au nord de l'église, dont elle n'était séparée que par une ruelle de deux mètres de largeur, et bientôt gagna le clocher. Au plus fort de l'incendie, on craignit la destruction de l'église et d'une partie de la ville. Grâce à des efforts surhumains on se rendit maître du feu et le danger fut conjuré.

En 1866, l'administration procéda à la restauration du clocher, qui fut un peu plus grêle et moins élevé que l'ancien. Un paratonnerre fut placé à son sommet, et une autre pointe sur la nef.

ANALYSE

DES

COMPTES DE FABRIQUE

1493-1495. — *Comptes* : 24 feuillets grand in-4°, parchemin, belle écriture, possédés par les héritiers de M. J. Leguicheux et de M. Hatton.

Recettes par Thierry Clément, procureur, *passim* : Johan Rousseau, pour portion de vigne, à la Mère-Dieu, 3 sous 0 deniers; — M° Nouel Daguenel, prêtre, au lieu de Messire Johan Lebouvier, prêtre, pour un jardin à la Gesnière, 2 sous 0 deniers; — Johan de Saint-Denis, à la décharge de feu le seigneur de la Chouannière (Chouanneau), pour sa terre de Bretaignolle; — Blanc Leroy, pour la vigne des Fouardières, côtoyant le chemin tendant de Villepeinte au Guélyant, 4 sous; — Au jour saint Denis, les héritiers de Guerin Desvron, pour la terre du grand cimetière, 4 sous; — Robin Dango, pour son ch. de l'Arche, côtoyant le ruisseau de Torrentin et aboutant à la Basse Destival, 2 sous.

Jéhan Petiot, de Sougé, pour un legs que fit Johan Sallemont, de 12 sous, 6 deniers à prendre sur le Rocher-Billon, en Sougé; — Laurent Cadieu, pour un jardin, sis à la Couture, dans le fief de Moré, 6 sous; — Michel Louis, pour son courtil de la Couture, aboutant au ruisseau qui vient des Paillarts aux ponts de Fresnay, 18 deniers; — Les héritiers de feu Renée Dubreil, femme de Johan de Saint-Denis, 5 sous de rente pour « estre esprieres de l'église », assise sur 14 journaux de terre, sis à Cresmettes; — Pierre Poyvet, pour une vigne au clos des vignes du grand cimetière, côtoyant le chemin tendant de la Croix-Bougis au grand cimetière et d'autre bout les Gastines, 5 sous 0 deniers.

Au jour de saint Nicolas, Jacques Belot, pour une pièce de terre, à Saint-Ouen, côtoyant le ruissel tendant de Saint-Ouen à l'étang de Maigné, 3 sous ; — Fête de Noël, Pierre Leroy, teinturier, pour le champ de Monchevreau, sis au fief de la Coussure, côtoyant le chemin tendant de Saint-Ladre à Fresnay, 7 sous 6 deniers ; — Terme de Caresme prenant 1493, Johan Dubreuil, pour maison côtoyant la rue de la Bellière, 4 deniers.

Recette du vin dû., chacun an, à la fabrique, le jour saint André : Pierre Picart pour feu Martin Theroulde, Johan Garreau ; « Et Lenoir qui vouloient faire un cousterot et huit jallons de vin, ramenés à deniers par appointement, à la somme de 10 sous ; » la veuve Johan Lecomte doit une somme.

Recette de froment, au terme de l'Angevine, 1493 : les héritiers de feu Johan Lecomte, pour le lieu de la Jouetière, en Saint-Aubin, à la décharge des Jouets, 3 boisseaux de froment à faire le pain à chanter, etc. Total : 50 livres 15 sous 6 deniers, 3 boisseaux de froment, 6 d'orge, une somme de vin.

Autres recettes : « Du revenu de la boëte de N.-D. estant en ladite eglise qui fut ouverte le 19e jour d'aoust aud. an 1494, en présence de Pierre Leroy et Johan Chauvin, 35 sous 2 deniers » ; — Du revenu des oblations et offrandes au jour de N.-D. de la mi-aoust et des octaves ; — Du revenu des reliques exposées ledit jour, 27 sous ; — Id. le jour de la Sainte-Croix, 5 sous ; — Id. de la Toussaint, 9 sous ; — Id. de Noël, 8 sous ; — « Du revenu des droictures et offrandes du jour de Pasques 1491, comprises les mailles... pour le cierge benoist, esquelles droictures et offrandes, le curé dudit lieu prend les quatre cinquièmes parties et lad. fabrique à la 5e partie. De ce jour le droict de lad. fabrique est de 40 sous. »

Jour de la saint Barthelemi, deniers dus par chacun des paroissiens de Fresnay « qui doivent chacun mesnaige ung denier, de ce jour 1493, 7 sous. » — Pour l'enterraige de Johanne Teterelle, mise en l'eglise de Fresnay, 10 sous ; — Enterraige de la fille de Johan Deschamps, mise en la Court à la Mère-Dieu, 15 sous, un quarteron de cire.

Dépenses : Pour la visite de l'église par l'archidiacre du Mans ou son commis, 10 sous pour deux ans ; — Pour achat de vin mis aux fonts à l'usage de ceux qui reçoivent le corps Jesus-Christ, chacun an, au jour de Pasques, comprins le jeudi absolu (Jeudi saint), 9 sous 9 deniers ; — Aveu à la seigneurie de Boisaprès, en Saint-Aubin, pour raison d'une rente de 40 sous ; — « Galpin pour une clef au coffre où sont les enseignements de lad. église, avecques une chaigne de fer pour ataicher ung breviere étant en icelle église, 2 sous 6 deniers ; etc. »

1505. — Recettes : Ça et là. Les héritiers de Colin Mesgné, pour leur métairie de la Hardonnière, au fief de Noeramé, en Assé-le-Boisne, 35 sous; — Gaillier et Johan Provost, d'Assé-le-Boisne, pour certaine baillées autrefois à eux faites par feu Johan de Saint-Denis de certains héritages, sis en Assé, doivent 70 sous de rente que feu Johan de Saint-Denis donna à la fabrique de Fresnay, avec 20 sous tournois de rente d'autre part, à la charge d'une messe chaque semaine de l'année, 70 sous; — « Les enterrages faits en l'église et le cimetière alentour d'icelle appelé *La Court de la Mère Dieu*, dont est accoutumé pour chacun corps mis en lad. église, 25 sous, et pour chacun corps mys en la dicte Court ung quarteron de cyre, dont on y met que les innocens et jeunes enfans »; suit le nom des décédés. — Total des recettes ordinaires et extraordinaires de 1505 et 1506 : 154 livres 2 sous, 6 boisseaux de froment, 12 boisseaux d'orge, 2 sommes de vin.

Dépenses : A messire Michel Doret, prêtre, pour célébration d'une messe, chaque semaine pendant deux ans à la chapelle Sainte-Barbe, 8 livres; — A mess. Johan Fonteny et Gilles Marin, prêtres, pour avoir célébré une des messes de Sainte-Anne, chaque semaine pendant deux ans, 8 livres; — A Gillet Boudin, segretain de l'église, pour avoir servi en icelle et blanchi le linge pour deux ans, 8 livres; — René Chevalier, vitrier, pour 28 journées à réparer les vitres de dessus l'autel de Saint-Fiacre, de Saint-Sébastien, à raison de 3 sous l'une, 4 livres 4 sous; — Achat de 18 livres de plomb et quart d'étain, 25 sous; — « Pour avoir esté par led. procureur p. cinq voyages à Angiers en personne, à l'encontre dud. prieur de Sainct-Sauveur, et a esté par le commandement de Mess. les habitans, pour chacun voyage, 40 sous, pour les cinq, 10 livres. »

Le compte de 1506 est clos par Johan Savary, licencié es-lois, bailli de Fresnay-le-Vicomte, en présence de Mᵉ Picart Yves, son greffier, Robert Poyvet, procureur de la fabrique, Mᵉ Pierre Bellemote, prêtre, curé de Fresnay, Mᵉ Thibault, Mᵉ Chauvin, prêtre, Guillaume Renault, procureur de la généralité des manants et habitants de Fresnay, Johan Clément, avocat fiscal, Raoul Provost, sieur de la Jousière.

La nouvelle législation des fabriques paroissiales a suscité des protestations et une controverse agitées, mais qui commencent à s'apaiser. A l'heure présente (1893), le calme renaît dans les esprits.

A-t-on bien compris le sens et la portée de la loi? Pourrait-on jeter quelque lumière sur la question en portant un regard sur le passé des comptes de fabrique? La loi du 26 janvier 1892 veut soumettre les budgets et comptes des fabriques et consistoires à toutes les règles de la comptabilité des autres établissements publics, sans tenir compte de l'application difficile, dans les petites paroisses.

Plus tard, on connaîtra les conséquences de cette innovation. Interrogeons l'histoire, les vieilles archives des églises, même celles du commencement du xvi° siècle. Les édits royaux de 1536 et 1559 chargeaient les baillis et prévôts de s'occuper « des comptes et autres différends dont les juges peuvent et doivent connaître, soit des églises et fabriques... » Le compte de 1506 de l'église de Fresnay, est clos par le bailli, en présence de personnages qui offraient les plus grandes garanties. Alors, c'était le pouvoir temporel qui s'affirmait.

A un moment donné, les évêques en appelèrent au roi qui, par l'édit de 1571, leur accorda le règlement des comptes de fabrique. Ce fut de courte durée et les alternatives se succédèrent. Un nouvel édit de 1587 rétablit la suprématie de l'État. Mais Henri IV désireux de rendre la paix religieuse à la France, restitua aux évêques leurs droits anciens par lettres patentes du 15 février 1609, faisant défense aux juges de s'occuper des revenus des fabriques, tout en autorisant les procureurs fiscaux à se présenter pour la reddition des comptes.

Ces dispositions furent maintenues en 1619 et 1695. A la fin du xvii° siècle, les comptes étaient seulement rendus sous l'autorité des évêques ou de leurs délégués, dans quelques provinces, lorsque plusieurs provinces soumettaient leurs comptes aux autorités civiles. Ces divergences de province à province se produisirent jusqu'en 1789. Ici on était ultramontain et là gallican.

L'Assemblée nationale légiféra sur les biens des fabriques. Toutefois, on était loin de la séparation de l'Église et de l'État et cependant, dès 1789, les biens des fabriques et des paroisses avaient été déclarés biens nationaux. Peu de temps après, le décret du 13 brumaire an II, rayait de la dette publique l'actif des fabriques.

Les fabriques, privées de leur patrimoine, subsistèrent pendant dix ans, avec des droits mal définis, jusqu'à l'intervention du Premier Consul à l'effet de régler les rapports de l'Église et de l'État. Nous n'entrerons point dans le détail d'une législation compliquée.

1507-1513. — Grand cahier in-4°, 41 feuilles, parchemin, belle écriture.

Comptes de Jehan Olivier, procureur :

Recettes : Michel Raoulet au lieu de Jehan Rondeau du Guélyant, pour une vigne en gast, devant l'hôpital du Guélyant, 18 deniers; — M° Bernard Mesnaige, curé de Saint-Germain, pour une maison à Fresnay, 8 sous; — Les héritiers de feu Girard Avelino au lieu de Jehan Lemercier, à la décharge des religieux de l'abbaye de Sées, sur le pré aux Moines, 8 deniers de cens; — Total de l'année 1507 : 51 livres 13 sous 11 deniers, une somme de vin, 3 boisseaux de froment, 6 boisseaux d'orge, mailles des serviteurs qui se reçoivent le jour de Pasques.

1512. — Prêtres attachés à l'église de Fresnay : Michel Doret, Michel Adam, Mathurin Chauvin, Marc Jouennault, Jehan Talbot, prêtre et maistre d'école de cette ville, Jehan Fonteny, François Picart, Jehan Rousseau, Gilles Martin; ils disent des messes à la chapelle de sainte Barbe, à l'autel de Madame sainte Anne, à l'autel de saint Michel; une messe par semaine de chaque année était payée 4 livres; — Achat d'un encensier, 20 sous; — « Pour la querimonye impétrée par led. procureur, pour ceulx qui auroient desrobé la relique Saincte Avoye et autres choses, 2 sous; » — « Pour un buffet de Guillaume Fourault, pour servir à l'église, lequel y est de présent, 45 sous. » — « Pour la façon de deux clefs, l'une à fermer la croix boyssée du cymetière et l'autre à fermer lhuys dud. cymetière, 20 deniers. » — Salaire des ouvriers qui ont raccommodé les haies du grand et du petit cimetière. — « Pour les procès qui estoient à Angiers avec le prieur de Saint-Saulveur..., 10 sous. » — « Pour avoir impétré une rengvaine sur ceulx qui avoient dérobé la relicque de Saincte Avoye, 6 sous 6 deniers. » — Achat de 19 aulnes pour faire deux surplis, une aube et huit émitz (amics), à 4 sous l'aulne, 76 sous, façon desd. objets, 28 sous;

A François Chevalier, menuisier, pour avoir refait le lectrin (lutrin) à chanter, 6 sous; — Au même, qui a fait la tour de Sainte-Avoye, fourni le bois, limandes et merrain, 11 livres; — Au peintre qui a point lad. tour, 7 livres 2 sous; — Au procureur pour la façon de la châsse du chef de l'image sainte Avoye, pour la peinture dud. chef et colle du bras auquel est la relique de Monsieur saint Christophe, 30 sous; — Pour avoir fait nettoyer le petit cimetière dehors la ville, d'orties, chardons et haibles, 5 sous; — A M. Denys Ducloux, orfèvre au Mans, qui a fait la croix d'argent et rabillé un calice d'argent, 105 livres.

« A Me Michel Beaufils, prieur commendataire du prieuré de Saint-Saulveur, 14 livres 15 sous, pour l'exécution de certains dépens en quoi le procureur de la fabrique avoit été condamné vers lui par devant le conservateur des privilèges royaux de l'université d'Angiers et aussi contre mess. Jehan Fonteny qui avait été pris en garantaige par led. procureur pour raison des fruits prins en certain jardin, sis près la chapelle Saint-Jehan, lequel procureur auroit été condamné à la somme de 24 livres 1 sou 2 deniers, qui lui a été remise à lad. somme de 14 livres

.15 sous tournois. » — Ce compte est clos en 1521 et porte onze belles signatures : Clément, Morin, Picart, Poyvet, Genest, Lemercier, etc.

1518-1521. — Un cahier, 31 feuilles in-4°, parchemin, belle écriture.

Comptes de : Me Robert Guillon, licencié en lois, et de Me Jehan Picart, procureur de la fabrique.

Recettes : Les héritiers de Jehan Richardière, pour un courtil, sis à Fontaines, nommé Longueroye qui fut à feu Jehan Lecoustelier, côtoyant le ruisseau de la Fontaine de Brée, 12 deniers; — Les héritiers de feu Jehan de Saint-Denis, de Sainte-Suzanne, à la décharge du feu seigneur de la Chouennière, pour sa terre de Breteignolles, 10 sous; — Du seigneur de Beauregard au lieu de Jehan Pillon qui fut seigneur dudit lieu, pour les héritiers de Jehan Doret, pour le champ de l'Arche, côtoyant le ruisseau de l'Arche et aboutant à la terre de la Basse d'Estival, 2 sous; — Messire Hardouyn de Champaigne, chevalier, seigneur de la Vaucelle, au lieu de Jehan Bizeray, pour une maison à Fresnay, jardin, vigne, etc., 4 livres 5 sous; — Les héritiers de feu Mahée Richer, femme de Me Robert Guillon, licencié es lois, bailli de Beaumont-Le-Vicomte, par legs qu'elle a faits, dans son testament, au curé et à la fabrique de Fresnay, de la somme de 40 sous, par moitié, à l'effet de participer aux prières publiques.

Revenu de la boîte de N.-D. étant dans l'église, ouverte le 28 novembre 1518, en présence de Mes Mathurin, Chauvin et François Huvé, prêtres, 7 livres 3 sous et un petit filet d'argent; — Revenu de la boîte de sainte Avoye, 4 sous 11 deniers et M. le curé prend la tierce partie; — (Les boîtes de N.-D. et de sainte Avoye étaient ouvertes quatre ou cinq fois par an; il y avait aussi la recette des offrandes, des reliques, surtout de la relique de sainte Avoye.)

« Du revenu des droictures et offrandes au jour de Pasques l'an 1519, qui était le 24e jour d'avril, comprins les mailles que doivent les serviteurs pour le clergé bénit, esquelles droictures et offrandes le curé des Fresnay prend les quatre cinquièmes parties et la fabrique la cinquième, et ne prend rien led. curé es mailles desd. serviteurs, de ce pour le droict de la fabrique, comprins les mailles des serviteurs, 17 sous 2 deniers ob. »

Mess. Jehan Guyart, prêtre, pour les détenteurs de défunt Mess. Michel Beaufils, prieur commenditaire du prieuré de Saint-Sauveur, près Fresnay, qui donna par testament 20 sous, une fois payés à la fabrique, pour fourniture du luminaire et des ornements nécessaires à la célébration de son service annuel, de laquelle somme sont distraits 2 sous pour le sacriste, restent 12 sous; — Un enterrement dans l'église coûte 25 sous, dans la Cour à la Mère-Dieu, un quarteron de cire.

Total des recettes pour trois ans : 148 livres 19 sous 9 deniers.

Recettes extraordinaires pour le même temps : 127 livres 7 sous 1 denier, 9 boisseaux de froment, 18 boisseaux d'orge. Total : 206 livres 16 sous 11 deniers.

Dépenses : Mᵉ Bernard Mesnaige, curé de Saint-Germain de la Coudre, doyen de Fresnay, pour avoir, le 19 octobre 1518, fait visite de l'église de Fresnay, à la place de l'archidiacre du Mans, 5 sous; — les prêtres suivants apparaissent : Gilles Martin, Michel Adam, Johan Rousseau, Mathurin Chauveau, François Huvé. — Achat de vin pour ceux qui sont acommuniés et reçurent le corps de Jésus-Christ au jour de Pasques, comprins le jeudi absolu (jeudi saint) et la vigile dud. Pasques, pour quatre fouasses pour les serviteurs led. jour de vigile, à trois deniers chacune, tout sans le vin donné, 10 sous, 4 deniers. — « Henry Vadefrago pour avoir faict des tirectz de cuyr aux livres messels de lad. esglise, auxquels tirectz y a boutons, parce que les tirectz qui y estoient avoient esté desrobez par enffans à faire des fouetz ou autrement, 15 deniers; »

A charpentiers pour visite du clocher demandant des réparations, 5 sous; — « Denys Goyot, charpentier, pour avoir, le sabmedy de Pasques flouryes, 1518, relevé la croix du cimetière et l'avoir parée à la hache, pour la boisser led. jour de Pasques flouryes, 20 deniers; » — « Olivier Bunau? vitrier, pour sa peine et viatique d'estre venu de sa maison d'Assé-le-Riboulle, distant de deux lieues jusqu'à Fresnay, pour visiter les réparations qu'il convenoit faire aux vitres de lad. église, pour ce et son dîner, 6 sous. » — « A mess. Pierre Lhermite, prêtre, pour avoir rellé six livres de l'esglise dud. lieu de Fresnay, scavoir est deux grox, deux saultiers, ung legendier et ung manuel et fourni de peaulx à les couvrir, 32 sous »; — A un sergent de la seigneurie de la Chevalerie qui vint adjourner Mᵉ Julien Picart, procureur, pour aller obéir aux pieds, dud. lieu, pour raison du pré de Charencé, 20 deniers.

A Jacques Charretier et Guillaume de Laplanche, tapissiers à Rouen, pour achat d'une enseigne et bannière de tapisserie de fil de laine broché de soie, 8 livres; — A honnêtes hommes Guillaume Leboucher et Adam Deschamps, élus commissaires de la communauté des habitans pour ouyr et examiner ces présents comptes, 20 sous; — Le présent compte est clos par Guilllaume Leboucher, paroissien d'Assé-le-Boisne, Adam Deschamps, de Beaumont, praticiens et notaires, de M° Johan Rousseau, prêtre, procureur, successeur de M° Picart. (Lacune dans les registres de 1521 à 1563.)

1563. — Cahier de 63 f. papier, in-4°.
Comptes de Brois Milloys, procureur.

Recettes, passim : Johan Lerouge, pour l'herbage et fruits du grand cimetière, situé près le gué de Saint-Aubin, 8 livres; — « Des jours du paradis et vendredi sainct à l'adoration de la croix, Pasques, et aussi pour les deniers de saint Bartholemy et oboles des serviteurs, et pour le revenu des fonts, le curé a presque esté payé de son droict ainsi qu'il est accoutumé. » — Vente des gros coupeaulx qui sont sortis du bois qui a été écarri pour faire le clocher de Fresnay, 22 livres.

« Autre recette extraordinaire. Sur ce fault entendre que le clocher de lad. église tomba par fortune de vent, le 22° jour de janvier l'an mil cinq cent soixante et un. Et pour ce fut délibéré et advisé que l'on vendroyt du daumaine et rentes apartenant à lad. fabrique pour subvenir à la reffection et restauration dud. clocher. Et pour faire lad. vendition lesd. habitans ont commis et député Remy Drouet, Françoys Ferrand et Estienne Robin qui ont fait lad. vendition d'aucunes desdictes terres... » Ont été vendus : le champ des Bourgeons, en Saint-Ouen, 32 livres 10 sous; — Un pré, sis en Cherancé, 25 livres, etc.; — Quête dans l'église pour le clocher, 30 sous.

Dépenses : Les prêtres, pour dire une messe chaque semaine de l'année, reçoivent 4 livres. — Nous signalons : M°° Nicolas Dango, Gilles Regnault, Johan Petitpain, B. Leboucher, chargé de la messe matinale du dimanche, fondée par M° François Coullon; M°° Estienne Picart, Denis Ferrant, secretain de l'église.

« Aultre dépense est faicte pour la restauration dud. clocher. Et premier, fault entendre que led. clocher tomba le 22° jour de janvier 1561, et que pour en faire le devis ont esté faict venir plusieurs charpentiers, entre autres Mathurin Moreau, de la paroisse de Pezé-le-Robert et Michel Couldray, de la paroisse de Tucé, avec lesquels a esté marchandé par contract passé par Guillaume Hurbonde, notaire, à Fresnay, le 3° jour de septembre 1563, par lequel contract apert que lesd. Moreau et Couldray ont promis faire, parfaire led. clocher selon led. devys et portraict qu'ils en ont baillé, sans faire aucun intervalle de temps après qu'ils auroyent comencé lad. besongne... Et aussi led. procureur leur a promys fournir de boys et autres choses nécessaires pour ce faire et le rendement au placistre du chasteau en lad. ville, et qu'il leur poyroit par chacun jour de besongne et à leur serviteur 18 sous pour poyement et des. à la fin de chaque semaine, et pouroyent lesd. charpentiers prend. des couapeaulx pour leur chauffaige... Aussi seroyt tenu led. procureur fournir de personnes et aultres choses nécessaires aux susd. charpentiers... »

« A Johan Feron, maistre de Laulne, pour achat dud. boys dans la forêt de Sillé, qu'il a vendu à Estienne Robin, François Ferrant et Broix Milloys, pour reffaire led. clocher a esté baillé ung cent d'avoyne, valant 50 livres. » — Frais d'abattage, d'estimation, de charroi, de voyages, etc. Le clocher ne fut monté complètement qu'à la fin d'avril 1564. — François Dienis, peintre, pour avoir racoustré la croix de lad. église, 50 sous.

Le notaire Hurbonde, à la requête dud. Milloix, a dressé ce compte qui est clos en présence dud. Millois, Mᵉ Nicolas Dango, doyen-curé de Fresnay, Thobault Chauvin, procureur fiscal, Joach. Leboucher, avocat fiscal...

« Item, à Thoureau maçon pour avoir faict quatre journées à racoustrer les aultelz de ladicte esglise que rompirent ceulx qui tenoyent la ville du Mans et entrèrent en ceste ville et y furent troys jours au moys de juillet l'an 1562 et pillèrent lad. esglise, 38 sous. »

1568-1572. — Cahier, papier, in-4°.
Comptes de Vincent Chauvin, ci-devant procureur.

Recettes : Elles ne sont guère qu'une répétition des autres cahiers.

Dépenses, passim : « A Gervais Maingart, maistre fondeur qui auroyt reffaict et reffondu la grosse cloche du guischet et aussi la petite cloche, la somme de 90 l. à laquelle auroyt esté marchandé avec luy par les habitans de ceste ville, le 27ᵉ jour d'avril 1572... et oultre luy faire ses despens, le jour de la fonte et à ses gens jusqu'au nombre de six. » — 500 livres de métal coûtent 100 livres ; — 25 livres d'étain doux, 100 sous. — A François Dienys (1), peintre, pour réfection de la vitre sur la grande porte de l'église, 25 livres. — « Payé à Guill. Troussart, pour

---

(1) La famille Dienys exerçait la profession de peintre-verrier. Leur nom apparaît fréquemment dans les comptes de fabrique de Fresnay, Sougé-le-Ganelon, Assé-le-Boisne, Fyé. (Voir l'article : *La famille Dienys*, par P. Moulard, 1895, *Revue du Maine.*)

avoir faict une pièce... en forme de croce où est pendu la custode du *Corpus Domini*, 30 sous. »

Ce présent compte a été clos par devant M⁰ Johan de Chervy, écuyer, conseiller du roi de Navarre, bailli de Fresnay, M⁰ Sébastien Cornillet, son greffier, M⁰ Nicolas Dango, doyen et curé de Fresnay, M⁰ Denis Ferrand (1), prêtre segretain de l'église de Fresnay, Jacques Poyvet, présentement procureur de la fabrique, M⁰ Johan Du Parc, lieutenant-général, à Fresnay, Guillaume Le Roy, échevin, Joachim Leboucher, Yves Picart, François Ferrand, René Drouet, Guill. Hurbonde, députés par le conseil de cette ville.

1572-1575. — Un cahier, papier, in-4°.

Comptes de René Laigneau et de François Robin, procureurs.

Recettes : Pour le domaine et métairie de la Hardouinière, en Assé, tenus de la seigneurie d'Assé, 30 sous ; — Raoul du Fresno, écuyer, sieur de la Groullière, au lieu de Guillaume Picart, sieur de la Roche, pour un pré, sis aux Rivières de Saint-Aubin de Locquenay, 6 sous ; — Joachim Le Boucher, sieur de la Rosnerie, pour sa maison, sise devant l'église de Fresnay, 5 sous ; — Les héritiers de feu M⁰ Gilles Papillon, prêtre de Saint-Germain de la Coudre, pour le pré Valroux, 2 sous ; —

---

(1) L'établissement des sacristies réunies aux églises remonte au xvi⁰ siècle, à quelques exceptions près. Pendant des siècles, le clergé se passa de ces annexes qui nous paraissent si indispensables aujourd'hui.

Les auteurs célèbres en érudition liturgique, nous parlent, il est vrai, du *Secretarium*, du *Diaconicum*, du *Vestiarium*, comme faisant partie des églises primitives, sans en être séparés.

Aucune église antérieure à la Renaissance ne fut flanquée d'une sacristie si nécessaire et, les hommes de l'art sont fortement embarrassés, aujourd'hui, dans l'agencement d'un plan satisfaisant. Toutefois, la sacristie de la cathédrale du Mans, édifiée au xv⁰ siècle, sous l'épiscopat d'Adam Châtelain, peut faire une exception. Vers la fin du xvi⁰ siècle apparurent les rétables qui, dans la plupart des églises, tout en servant à l'ornementation du chœur, permettaient de ménager une sacristie derrière l'autel.

Les mots *sacriste*, de *sacrista* et *sacristia*, sacristie, dérivés de la basse latinité, ont donné naissance à celui de *sacristinus*, sacristain ou segretain, secretain.

Les fonctions de sacristain, secretain, étaient remplies anciennement par des prêtres, ainsi en 1511, 1561, à Fresnay, Denis Ferrand, prêtre, Johan Leboucher, prêtre, sont secretains de l'église. Les fonctions de sacristes ne furent exercées par des laïques que dans le xvii⁰ siècle.

La sacristie de l'église de Fresnay est construite sur le côté nord, elle est éclairée par deux croisées ce qui ne l'empêche pas de manquer de clarté, par suite du voisinage des maisons qui entourent l'église.

M. Du Val de Saint-Christofle du J., à cause de sa femme, pour le lieu de Mostereau, en Saint-Aubin de Locq., contenant maisons, jardins... et 25 journaux de terre, 50 sous; — La veuve de Johan Girard, pour la pièce de Monchevreau près les moulins de Fresnay, côtoyant le chemin tendant des ponts à la croix de Beaulieu, 3 sous.

Le prieur de Sougé, héritier de défunt Me François Lepelletier, de Julian Galpin, de Sougé, pour le lieu du Rocher-Billon, en Sougé, 10 sous; — Le seigneur de Saint-Aubin, pour la métairie aux Escuyers, en Saint-Aubin, 30 sous; — Pierre Drouet, pour un jardin, sis aux Tanneries, joignant la rue du Sac, 2 sous 9 deniers; — François Maignée, Léonard Gervaiseaux, Johan Paisant, François Dagron, Vincent Gaillor et d'autres détenteurs des maisons... au bourg d'Assé le Boisne, devant les maisons du Mesnil, entre les deux chemins, l'un tendant de la Croix-Ribot à l'église d'Assé, et l'autre tendant de lad. croix à la maison des héritiers de feu Messire Johan Dubteauld, la somme de 70 sous, donnés autrefois par Johan de Saint-Denis; — Noble Jacques de Cordouen, sieur de Mimbré, pour le lieu de la Beaudoiserye, en Saint-Ouen, 6 boisseaux d'orge, à 20 sous l'un.

Dépenses : Pour l'assistance du bailli à la publication du bail des biens de la fabrique, 30 sous; — 1573, prêtres qui célèbrent la messe dans l'église de Fresnay : Mes Gilles Regnault, Nicolas Dango, curé, Et. Picart, Loys Vétillart, Denis Ferrand; — Achat d'huile pour l'entretien de la lampe qui art jour et nuit, 18 pots pour trois ans, 13 livres 7 sous 6 deniers; — A Me Nicolas Dango, prêtre, curé de Fresnay, pour son droit des reliques et oblations des fêtes de N.-D. mi-août, durant trois ans, 1572-1575, 27 sous par an, alors 4 livres 1 sou; — Quatre journées à un charpentier, sur l'église, à 7 sous 6 deniers l'une; — Il est fait mention de la cloche du guichet; — Autre mise extraordinaire faite par ledit Robin pour avoir fait replanter la croix devant l'église; — A Johan Huon, d'Assé-le-Riboul, menuisier, venu pour marchander la clôture du chœur de l'église de Fresnay, 15 sous; — A Me François Dionis, peintre, pour 7 pieds 1/2 de verre, à 3 sous chaque, et pour 4 losanges, 38 sous.

Le 30 novembre 1574, payé à M. le receveur Lebreton la somme de 51 livres, au désir de la commission du 27 août dite année, envoyée aux habitans de cette ville, par M. Le Blanc, général des finances, commissaire député par le roi, pour la levée des 31 livres 10 sous tournois, par chaque paroisse et village de la généralité. — « A Monsieur de la Fontaine Regnault, pour charetées de pierre de Villaine et fait charoyer jusques à

Saint-Remy, pour faire le grand autel de lad. esglize, 10 livres. »

« ... Ledit Robin auroit baillé et déboursé 77 livres 4 sous 6 deniers de la manière suivante : le 3ᵉ jour de janvier 1576, ledit Robin, suivant la commission à luy délivrée par MM. les bailli, échevins, députés et habitans de la ville, le 29 déc. 1575, ainsi que de Mᵉ Nicolas Daugé, curé, hon. homme Thomas Richer, sieur de la Saulsaye et François Jouin, procureur général des habitans de lad. ville, lequel se seroyt transporté exprès jusqu'en la ville du Mans pour achapter deulx poinsons de vin d'Orléans et une pipe de vin blanc, pour faire présent à Monsieur de Lavardin... Les deux poinsons furent baillez à ung harnoil et veturier, pour mener le vin au chasteau de Tucé pour le présenter à Monsieur de Lavardin. » — « Comme aussy led. Robin achapta une pippe de vin blanc d'Anjou... pour la somme de 54 livres 10 sous. » Charroi du vin à Tucé, 4 livres 15 sous. « Pour que ce mond. sieur de Lavardin avoit délibéré faire venir en ceste ville de Fresnay sa compaignie, et envoyé ung gentilhomme de sa maison pour cest effect, qui logea en l'ostelerye du Lyon-d'Or en ceste ville, pour y tenir garnison, fust avisé par les habitans dud. Fresnay qu'il estoit besoing y remédier et empescher le desain de mond. sieur de Lavardin, mesme par le moyen de Monsieur de Mymbré pour empescher telle entreprinse, que led. gentilhomme seroit deffrayé au despens de la ville, et luy seroit faict bonne chere... Mesmes le sieur Du Breil qui, à la prière desd. habitans, estoit allé vers led. sieur de Lavardin et auroit comme led. gentilhomme avec luy, un homme de pied, esté payé pour la despense... la somme de 51 sous. »

« Au soir pour la collation dud. gentilhomme et aultres qui l'assistèrent, fut par l'advis desd. habitans faict faire hipocras et aultres choses de honneste pour lad. collation pour lesquelles choses led. Robin a payé à Mᵉ Pierre Huvé la somme de 30 sous 6 deniers. »

« Et pour ce que après avoir eu lestres de Monsieur de Mymbré, adressantes à Monsieur de Lavardin qui le supplyoit exempter lesd. habitans de Fresnay de lad. garnison, fut avisé que led. sieur de la Brisolyère, le sieur Du Breil et led. Robin se transportèrent par devers led. sieur de Lavardin pour luy présenter les letres dud. sieur de Mymbré. Ce qu'ils firent et allèrent aud. lieu de Tucé où disnèrent et s'en allèrent coucher à Conlye où y souppèrent et le lendemain desjeunèrent, pourquoy et pour leurs chevaux led. Robin a déclaré la somme de 110 sous. »

« Led. Robin au mesme temps, par le commandement desd. habitans de Fresnay, auroit baillé à M° Caucher Picart, sieur de Bourdin, et Guill. Leroy qui furent par eulx députez pour aller vers le sieur de Brestel qui estoit lors au lieu de Vivain, pour le prier pour lesd. habitans aller vers led. sieur de Lavardin, pour et à l'effaict que dessus, a esté baillé 30 sous. »

« A esté baillé aud. sieur Du Breil qui, peu auparavant, estoit allé vers led. sieur de Lavardin porter lestres dud. sieur de Mymbré, escriptes en faveur desd. habitans, et mené avec luy ung homme de pied et avec luy mené led. gentilhomme, la somme de 60 sols. »

« Pour ce qui fut aussi advisé par lesd. habitans que pour led. présent de vin blanc et clairet que M° Nicolas Dangé, curé dud. Fresnay, Thomas Richer, sieur de la Saulsaye, Francoys Jouin, alors procureur dud. général des habitans, se transportèrent avec led. sieur Du Breil et led. Robin qui faisoit conduire et charoier led. vin dud. lieu du Mans jusqu'aud. Tucé où ils logèrent, soupèrent et le lendemain disnèrent après avoir présenté le vin au sieur de Marcillé, maistre d'hostel dud. sieur de Lavardin, a esté poyé pour tous les dessusd., pour un jour et une nuict, tant pour eulx, leurs gens de pied que chevaulx au nombre de cinq et cinq chevaulx, ung nommé Hurbondé, hostelier, la somme de 12 livres 10 sous. »

Dépenses pour la refection du grand autel qui, d'après l'avis du bailli et des habitans, émis le 2 nov. 1581, fut marchandé à Johan Cado et Richard Gaultier, pour la somme de 10 écus deux tiers. — « A M° Francoys Dionys pour doulx portraicts dud. aultel par luy faict... 30 sous. — Aud. Dionys pour avoir racoustré et replacé les victres de lad. église, 4 écus 10 sous. » — A M. de la Fontaine Regnault, pour six charretées de pierre blanche, prise à Villaine, 3 écus et un tiers. — A M° Michel Vétillart, notaire, lequel aurait délivré aud. Robin copie du marché fait avec Cado et Gaultier, 10 sous.

1579-1580-1581. — Cahier, papier, in 4°.
Comptes de Johan Letessier, procureur.

Recettes : Je ne pourrais que répéter l'analyse des cahiers précédents, alors je passe aux dépenses.

Dépenses : Achat de plomb pour mettre sur le petit clocher. — M° Johan Chevalier, autrefois curé de Fresnay, fit un legs pour dire une messe après lui. — Payé à M° François Dionys, peintre, pour avoir rafraichi et repeint l'image de Notre-Dame... 7 livres 10 sous. — Au même « pour avoir fait des tableaux en peinture et une fenestre servant au sacre estant en lad. église, ensemble la patte dorée, servant à porter le *Corpus Domini*, auroit poyé troys escus. »

« Et par ce comme par ordonnance de mess. le bailly et habitans, du 4 nov. 1580, avoyt esté ordonné, pour obvier aux malladyes et autres, que les pauvres ne vaguent par lad. église, et pour curer le puits, qu'il seroyt baillé à Lucas Compain, nommé et esleu pour ce faire, la somme d'ung escu et ung tiers, la première année... »

Ce qui suit est tiré d'un cahier sans ordre : 1583. — « N'a esté rien reçeu pour ceste année de la ferme du grand cymetière des Angloys n'y du petit cymetière, parceque Lucas Compain en a eu la jouissance à cause de la contagion, et qu'il luy fut baillé pour son refuge la maison de mess. Denys. Tellement que pour s'estre adonné à inhumer les corps de ceulx qui sont décédez de la contagion, on luy a relaissé la jouissance et perception desd. cymetières pour ceste année seulement. ».

1583 à 1587. — Cahier, papier, in-folio.

Comptes de Nicolas Dange, doyen-curé, procureur.

Recettes, passim : Noble Jehan de Moré, sieur du Val, en Saint-Christophe, à cause de sa femme, pour le lieu de Hotreau, paroisse de Saint-Aubin, 50 sous. — M° Caucher Picart au lieu de feu Jehan Picart, sieur de Boyscochin, pour maison... 20 sous.

Dépenses, passim : « A cause des troubles intervenus en ce royaume lorsq. la ville du Mans fut prinse par ceux de la prétendue religion réformée, ils sortirent de la ville du Mans et passans chemin par ceste ville entrèrent en icelle sans resistance où ilz séjournèrent q.ques jours, durant lequel temps intrèrent en l'église, et en icelle dissipèrent, abatirent et myrent à sac tout ceq. estoit dedans, lorsque pour le rétablissement auroit esté advisé par les manans et habitans de lad. ville qu'il estoit de besoing de faire une clouason au chanceau de lad. église avec les... qu'il estoit convenable marchander avec ung menuisier pour entreprendre de faire lad. clouason. A quoy seroit intervenu ung nommé Gilles Bansart, de Fyé, et pour ce faire auroit accordé... la somme de 110 livres, ce qui appert par la copie du contrat faict par M° Michel Vétillard, en date du 19° jour de nov. 1580. » Ledit Bansart ne pouvant terminer son travail demanda et reçut 18 écus en plus. — Pour la façon de 41 aunes de toile, 4 livres 2 sous. — A François Dionys, peintre et vitrier, 1586, pour raccommodage de plusieurs panneaux de vitres, 10 livres.

— A Jacques, menuisier, pour avoir racoustré lo pepitre où chantent les escoliers, 3 sous.

1597. — Cahier, papier, in-4°. Ne présente rien de bien intéressant dans les comptes de Marin Rahier.

1600. — Cahier, papier, in-4°. Comptes incomplets.

1612-1615. — Cahier, papier, in-4°.
Comptes de Mathurin Leboucher, sieur de la Fontaine, procureur.

Recettes : Reçu de mess. Loys Pottier, seigneur de Gesvres et baron de Fresnay, au lieu de mess. Odet de Saint-Denis, baron de Hertré et de Fresnay, au lieu de René de Saint-Denis, son père, au lieu de Jehan d'Averton, au lieu de Marie Rabeau, pour un jardin, sis en Josaphat où souloit avoir une teinture, pour trois années, 4 sous 6 deniers. — Reçu 15 sous de Pierre de Courtalvert, écuyer, sieur de Boisgencil, au lieu de damoiselle Jacqueline de Bellanger, laquelle étoit au lieu des héritiers Martin Le Masson, et Guill. Mariette et Jehan Letexier, pour une maison à Fresnay. — Trois années de M⁶ Sébastien Pierre, prêtre, chanoine de l'église du grand Saint-Pierre, au Mans, trésorier du Gué-de-Maulny, pour un journal de terre, 60 sous. — Plus 25 sous reçus des héritiers de M⁶ Pierre Leboucher, curé de Saint-Ouen de Mimbré et doyen de Fresnay, pour l'inhumation de son corps en l'église de Fresnay. — 25 sous pour l'inhumation, dans l'église, de M⁶ Thierry Leboucher, sieur de la Rosnerie, lieutenant général. — *Idem* pour Sébastienne Legay, femme de Caucher Picart, sieur de Bourdin. — *Idem* Michel Drouet, sieur de la Frogerie. — *Idem* Jehan Bonvoust, sieur de la Miottière. — *Idem* Michel Leboucher, sieur de la Chapelle. — *Idem* Jehan Guillon, sieur de la Morterie. — *Idem* Michel et Jacques Dienys, peintres et vitriers.

1616. — *Dépenses :* Salaire de M⁶ François Bouvier, prêtre, organiste de l'église, 200 livres. — A Michel Dienys, hôte, pour nourrir ceux qui ont aidé à tirer les deux cloches des moules, à les monter et pendre au clocher, 4 livres 5 sous. — A Marguerite Passesse, de Saint-Aubin, pour avoir filé 20 livres de poupée de brin, 61 sous 6 deniers. — 60 sous à un tisserand pour avoir tissé 31 aunes de toile « tant de brin que de brin en estoupe, et avoir cannesté le fil de lad. toile et renoué 15 livres de fil, deux mangé et rompu par les souris et vétusté. » — Pour le blanc de la toile, 15 sous. — Plus 10 sous payés à Michel Dienis, hoste, pour avoir donné à dîner au père Belon, prédicateur, 25 novembre 1613. — Plus la somme de 4 livres payée au sieur Moreau, « pour avoir norry par plusieurs jours led. père Belon, tant en l'advent que caresme des années 1612 et 1614. » — Me François Bouré, curé de Fresnay.

1623-1627. — Cahier, papier, in-4°.

Comptes de Vincent Letessier, md. procureur, qui eut pour successeur Me Antoine Chauvin, sieur du Sureau.

Recettes, passim : « Plus dict le comptant qu'ayant obtenu de Monsieur l'Evesque du Mans permission de faire mettre le grand cimetière en labour, il en auroit, le 27 novembre 1623, fait faire bail judiciaire au plus offrant et dernier enchérisseur, pour 9 ans, au prix de 30 livres par an. »

Pour la première fois, je trouve une recette pour chaises et bancs : deux chaises dans le chœur, 30 sous; — Me Isaac Richer, sieur de la Saulsaye, en déduction de la rente du banc de damoiselle, sa femme, 40 sous; — Michel Poyvet, sieur du Val, en déduction de la rente de son banc, 9 livres 12 sous; — Michel Sevin, sieur de la Rivière, des Landes, pour son banc, 111 sous. — Dans le temps de la gestion, onze corps ont été inhumés dans l'église, 13 livres 15 sous.

Dépenses : Me François Goupil, maître organiste, pour ses gages, 90 livres par an. — Guille Dargiller, facteur d'orgues, 1623, pour raccommodage de celui de Fresnay, 28 livres. — « Pour avoir faict sonner et crier les patenostres, par quatre ans, les nuitz des jours de Toussaints et des trépassez, auroit led. comptable payé à raison de 7 solz 6 deniers, chaque jour, 30 sous. — Achat de deux milliers d'ardoise de Saint-Georges, rendus sur les lieux, 10 livres. — Raccommodage de la croix d'argent et avoir redoré la pommelle, 18 livres, à Jacques Lesueur, orfèvre au Mans. — Payé à Gervais Moreau, maître libraire, 6 livres pour reliures. — « Pour avoir nory les cappuchins, scavoir ung jour, la première sepmaine du caresme, le sabmedy de l'octave du sacrement, en décembre 1626, et encore en juin 1627... 8 livres 17 sous. »

1628-1631. — Un registre, papier, in-4°.

Comptes de Me Antoine Chauvin, avocat, procureur.

Recettes : Michel Sevin, sieur de la Rivière, au lieu d'Anne Feron, pour une maison, grange, étable et jardin, sis en la rue aux Gelines, en Fresnay, 5 sous. — Reçu 15 livres à raison de

60 sous par cinq années, de Guill. Levrard, comme seigneur de la métairie de L'Escuyère, par lui acquise de mess. Gallois de Barat, chevalier, sieur de Chanceaux et de Renée de Boisyvon, son épouse, par contrat passé devant Mᵉ Michel Dubreil, notaire de cette cour, 15 oct. 1613. — Charles Prodhomme, écuyer, sieur de Meslay, conseiller et contrôleur de Sa Majesté, de ses guerres en la généralité de Touraine, au lieu de Jean Prodhomme, son père, pour le lieu de Fougerolles, la moitié appartenant au sieur curé de Fesnay, 4 sous 6 deniers.

Damoiselle Antoinette de Chervy, veuve de noble Johan Guillon, sieur de la Morterie, pour sa maison, 20 sous. — Rachel Ferrand, veuve de Michel Leboucher, sieur de la Chapelle, pour enclos de vigne près de son lieu de Beaulieu, 7 sous.

Mᵉ de Chervy, bailli de Fresnay, 20 sous de rente, donnés par Mᵉ Johan de Chervy, écuyer, sieur de Pommeraie, bailli de Fresnay, son père. — Mᵉ Joachim Leboucher, avocat à ce siège, pour maison, 45 sous. — Mᵉ Marc Menard, sieur de la Polinière, à présent procureur fabrical au lieu de Louis Gauvain, sieur des Buttes, pour sa maison, 8 sous. — Marguerite Picot, veuve de Marin Sevin, sieur de la Rivière, pour sa maison, 10 sous. — François Picard, sieur de la Ravardière, notaire royal, pour sa maison, 2 sous. — Mᵉ Sébastien Pierre, prêtre, trésorier du Gué-de-Maulny, chanoine en l'église de Saint-Pierre, au Mans, pour des pièces de terre en Saint-Victeur, 60 sous par an.

Pierre Poyvet, sieur de Beauchène, pour une maison devant l'église, près la Maison-Dieu et les hoirs de Zorobabel Desmons, d'un bout et la muraille de cette ville, 5 sous. — Le chapelain de la chapelle Saint-Gervais, fondée par Mᵉ Johan Rouvier de Magné, pour une pièce de terre près la cour de Magné, nommée le Pâtis aux Chevaux, 18 deniers. — Chapitre des recettes des reliques aux bonnes fêtes de l'année, de l'adoration de la croix, au jour du dimanche des Rameaux, vendredi saint, du paradis au jour du jeudi saint. — Dans l'espace de quatre années, il y eut dix-sept sépultures dans l'église, à 25 sous l'une, 21 livres 5 sous.

Dépenses : Mᵉ Jacques Soreau, prêtre, pour un voyage au Mans, à l'effet d'obtenir une ordonnance pour « arenter les bancs », 64 sous. — Mᵉ Gilles Périer, prêtre, organiste, 32 livres 10 sous. — Bouttier, organiste, au Mans, pour raccommodage des orgues, 8 livres 10 sous. — Mᵉ François Goupil, organiste, 30 livres 10 sous. — Achat d'une chasuble, 13 livres 6 sous. — 14 déc. 1627, pour donner la collation aux pères capucins de passage, pour pain et vin, 7 sous 2 deniers. — « Aud. Trezain, le 3 janvier 1628 pour donner collation à quatre capucins passants, 10 sous 2 deniers. »

« A ceulx qui auroient porté la croix et la bannière, chacun an, à la procession de saint Roch au bourg d'Averton, par quatre diverses années, 48 sous. » — « Le 20 mars 1631, dimanche avant le caresme prenant, pour clous et espingles pour tendre l'église à raison des quarante heures, 5 sous. » — Visites pendant cinq ans de l'archidiacre et du doyen, en septembre et octobre, 100 sous.

1631-1634. — Cahier, papier, in-4°.
Comptes de Marc Menard, procureur.
Recettes : Joachim Drouet, sieur d'Aubigné, pour le banc de sa femme, 35 sous. — Marie Bouleau, veuve de M° Rolland Trezain, contrôleur, pour son banc, 30 sous. — Michel Lesné, sieur de la Ronsignollière, pour un banc, 32 sous. — Antoinette Espinay, dame de Grandchamp et Marguerite Picot, dame de la Rivière, pour leur banc, 24 sous. — Pierre Lehoux, contrôleur, pour le banc de sa femme, 30 sous.
Dépenses : Payé à Jacques Dienis, peintre, 100 sous, pour avoir peint l'escalier du grand autel. — A plusieurs qui ont porté la croix et la bannière à la procession de saint Victeur, par trois fois, 9 sous. — *Idem*, à saint Roch d'Averton, à trois fois, 36 sous. — En novembre 1633, on logea des capucins. — Payé à un cordonnier 28 sous pour une paire de pantoufle servant aux capucins, le 2 février 1634. — Le 6 mars 1634, collation à deux capucins qui seraient venus voir le père prédicateur, 5 sous. — 25 juillet 1634, procession à N.-D. de Toute-Aide, au bourg de Saint-Remy. — Compte clos par M° René de Chervy, bailli. (Il y a lacune de 1635 à 1642.).

1642-1645. — Cahier, papier, in-4°.
Comptes de M° Thomas Sevin, prêtre, sieur de la Gadelière, procureur.
Recettes : Damoiselle Élisabeth Leboucher, dame de Trois-Chênes, au lieu de feu Michel Leboucher, sieur de la Chapelle, pour une vigne à Beaulieu, 30 sous 6 deniers. — M° René Gallot, avocat à Fresnay, par son testament du 7 mai 1638, lègue à la fabrique dud. lieu, la somme de 400 livres, à la charge de célébrer tous les ans, un service et anniversaire, et d'avoir part aux prières du prône du dimanche; M° Julian Percheron, procureur du roi à Fresnay, un de ses héritiers, était exécuteur testamen-

taire. La perception des bancs et des chaises donne un produit qui annonce le grand nombre de ces sièges.

Dépenses : M⁰ Gilles Rerot, organiste, salaire d'une année, 60 livres. — 1643-1644-1645, procession à saint Roch, au bourg d'Averton et à N.-D. de Toute-Aide, à Saint-Rémy. — François Dienis, vitrier, pour vitres, 12 livres 3 sous. — M⁰ François Pilart, maître vitrier d'Alençon, pour raccommodage de vitres, 12 livres 3 sous...

1645-1650. — Un cahier, papier, in-4°.
Comptes de feu Robert de la Maignée, sieur de Saint-Denis.
Recettes : Robert de la Maignée, sieur de Saint-Denis, avocat au Siège présidial du Mans, bailli des comtés de Bolin et Vaux; Louis de La Maignée, sieur du Peron; Marie de La Maignée, veuve de Joseph Percheron, marchand; Anne de La Maignée, veuve de Jacques Houdebert, marchand, tous enfants et héritiers dud. Robert de La Maignée, procureur. — « Noble François Sevin, lieutenant général à Beaumont, mari de damoiselle Marie Richer, fille et unique héritière d'Isaac Richer, sieur de La Saulsaye. »
Dépenses : « 44 sous à Charles Gervaiseaux pour avoir réparé une partie de l'église lorsque M⁰ʳ du Mans alla aud. Fresnay. — Une serviette pour servir à essuyer les huiles de la confirmation, 12 sous; — 18 octobre 1645, pain servi à la confirmation, 5 sous; — à François Sellier et Guillaume Leroyé, pour avoir tendu et tapissé le trône pontifical de M⁰ʳ quand il dit la messe en l'église de Fresnay, 16 sous; — à M. Hatton pour 6 cierges en cire blanche, qui ont servi à la messe de M⁰ʳ., 30 sous. — 6 Janvier 1647, 6 livres au père prédicateur pour s'en retourner.

1650-1658. — 1 registre, papier, in-folio.
Comptes de 8 années de Charles Touzé...
Recettes, passim : Inhumations dans l'église du sieur de La Martinière, du sieur de Villeneuve, du sieur du Pâtis de Villepeinte, du sieur de La Jubaudière, de demoiselle du Parc, de Gilles Jajolot, du sieur de La Verronnière, etc.
Dépenses : 2 processions à Saint-Rémy, 8 processions à saint Roch d'Averton, une par an. — *Item,* payé 24 sous « pour avoir fait tendre au-devant de la maison du sieur de Bourdin, de la prétendue religion réformée, qui est à raison de 3 sols par an. » — A la Fête-Dieu, toutes les maisons étaient décorées de linge et de fleurs; il est donc avéré que les Huguenots se refusaient à ce genre de démonstration et la fabrique prenait

soin de ne pas laisser d'interruption dans ce décor; elle le faisait
à ses frais, comme on le voit.

1658-1665. — Cahier, papier, petit in-folio.
Compte de Tessier.
Les Recettes ne présentent rien d'intéressant.
Dépenses, passim : A François Fauvel, maître fondeur, on
décharge de ce qui lui a été voté par acte notarié, le 24 septembre 1660, 50 livres. — Mᵉ Joachim Barbin, prêtre, pour avoir
célébré la première messe durant deux années, 48 livres. —
Mᵉ Guillaume Berot, organiste, 75 livres. — 1660, prix du graduel
romain, acheté par Mᵉ Jehan Picot, prêtre, 10 livres. — 22 juillet 1658, procession à saint Roch d'Averton, aux porte-croix,
bannière et échelette, 16 sous. — 24 juin 1659, même procession.
— 11 mai 1660, payé à... pour avoir achevé d'abattre le pilier de
devant la porte de M. de La Poterie, de raccommoder les tablettes
du cimetière, 55 sous. — « *Item*, payé 4 sous pour avoir envoyé
quérir à Assé-le-Boisne les armes de Monsieur de Blérancourt,
afin de les faire graver sur les cloches. » — Le seigneur d'Assé,
M. Potier de... était baron de Fresnay.

« Au messager qui seroit allé exprès au Mans vers le grand
doyen pour avoir permission de bénir les cloches, 35 sous. » —
Les cloches furent fondues sous les halles. — 10 septembre 1660,
à ceux qui levèrent les cloches pour les bénir, 22 sous. — 20 sous,
pour la dépense du fondeur lorsqu'il alla à la Gaudinière, en Sougé,
pour faire faire un battant neuf. — 1661, 1662, 1663, 1664, processions à saint Roch d'Averton. — 1664, on sonne les patenostres, la nuit de la Toussaint, au jour des Morts. — 1664,
procession à N.-D. de Toute-Aide, à Saint-Rémy-du-Plain. —
Comptes clos et signés : Picot, Bedel, Picart, J. Barbin, P. Bouré,
Bordeloy, T. Dureau, Moreau, Renard, Corneville, J. Renaud.

1680-1683. — Cahier, papier, in-folio.
Comptes de Mᵉ François Leboucher, avocat, bailli de la baronnie
de Vernie, procureur de la fabrique de Fresnay. On ne retrouve
plus de régularité dans les comptes; Mᵉ Leboucher succéda à
Mᵉ Pierre Huvé, docteur en médecine, qui n'avait point rendu
de compte en son vivant, aussi fallut-il s'adresser à ses héritiers.
Recettes, passim : Rolland Deleléo, apothicaire, fournit la
cire. M. J. Picard, lieutenant-général au siège de Fresnay, pour
trois années de location du Grand-Cimetière aux Anglais, en
culture, 60 livres. — Jean-François Guillon, écuyer, sieur de
Valbray, curateur des enfants de feu Jehan de Chervy, sieur des

Champagnes, et de dame Bonne de Bonvoust, la somme de 12 livres pour trois années de rente due par le comte de La Luzerne, ayant épousé la fille unique dudit de Chervy. — Damoiselle Marie Levrard, veuve de Pierre de Jajolet, écuyer, sieur de Beauregard, pour trois années d'une rente sur une pièce de terre près le Grand-Cimetière aux Anglais, 7 sous, 6 deniers. — M° Jean Gaudemer, notaire, pour sa maison, 4 livres, 10 sous.

René Guillon, écuyer, trésorier-général de France à Tours, pour sa maison trois années de rente, 60 sous. — Alexis Leboucher, vivant sieur de La Landelle et de damoiselle Anne Leboucher, sa sœur, pour trois années d'une rente sur une maison à Fresnay, 6 livres 15 sous. — Damoiselle Anne de La Maignée, veuve Houdebert, sieur du Buron, pour trois années d'une rente sur maison, 15 sous. — Dame Marguerite Sevin, veuve de mess. Jean de Montesson, chevalier, seigneur de Douillet, pour trois ans de rente sur maison joignant la place des Halles, d'un bout les douves du château, 30 sous. — M° Thomas Sevin, prêtre, pour trois ans de rente sur un jardin devant la chapelle Saint-Sauveur, dépendant du lieu de la Boudrie, domaine de la chapelle de Saint-Joseph, dont led. Sevin est chapelain, 60 sous.

M° Jean Semelot, avocat, au lieu de Robert de Jort, sieur de Genteville, au lieu de Pierre Poyvet, sieur de Beauchêne, pour trois ans d'une rente de 5 sous sur une maison, joignant la rue aux Gelines et d'autre bout les murailles de la ville, 15 sous. — Le prieur de Sougé, 1681, fut condamné à payer la rente du Rocher-Billon, en Sougé, avec arrérages, frais qui incombèrent aux héritiers du fermier Mauduit, 8 livres 5 sous 4 deniers.

Madame la maréchale de La Meilleraie, dame de Sillé-le-Guillaume et de la forge de Laune, pour trois années d'une rente de 8 livres 5 sous assise sur lad. forge, léguée par la dame de La Ravardière, suivant son testament, 24 livres 15 sous. — René Langlois, seigneur de Bretignolles, pour trois années d'une rente sur led. lieu, 30 sous. — Produit des bancs, des chaises et de 6 sépultures dans l'église, 35 livres 2 sous 6 deniers, pour trois années. — *Bancs, sièges, passim* : de M™° de Saint-Aubin, dame Picot, M¹¹° de Boulongne, Macé Coudorge, Thomas, Chandavoine, Mathurin Doudieux, M™° Millois, M™° de La Ramée, M™° de Boisfichart, Robert de La Motte, M™° Graflin, M™° Delinthe, M¹¹° du Buron; Inhumations de M. de Genteville, de M. Desmory...

Dépenses, passim : « Payé 5 livres à Marin Lemaistre pour avoir donné les pastenostres (Pater noster) pendant une année la nuit de chaque dimanche, en exécution du testament de défunte madame de La Ravardière. » — Jacques Dolinte, sacriste, pour avoir pendant trois ans tendu la chapelle de Sainte-Barbe, le mercredi de la semaine sainte, 67 sous 6 deniers. — 1681. Jean Madeleine, maçon, pour avoir pavé en l'église, placé le petit bénitier de marbre, réparé les murailles du petit et du grand cimetières, fourni chaux et sable, 22 livres 15 sous. — Macé Trozain, charpentier, pour avoir fait et fourni la charpente à couvrir le pignon du portail de l'église, fortifié le petit clocher de plusieurs pièces de bois, 61 livres 3 sous. — Au même, pour avoir rehuné la grosse cloche, rependu la moyenne et mis un fléau neuf et un rouet, avoir resserré la petite cloche à son fléau et fait une barrière à l'entrée du petit cimetière, 16 livres 10 sous. — Mathurin Allard, ouvrier en armes blanches, pour avoir reforgé le battant de la grosse cloche, 60 sous. — 1681, prix de 2 milliers d'ardoise, 18 livres 3 sous. — 1682, Me Jacques Cabour, fourniture de papier timbré devant servir de registre des baptêmes, mariages et sépultures, 50 sous. — Au même, pour un fer à feuiller le pain à chanter, 33 sous.

1690. Comptes incomplets. *Passim :* Reçu de damoiselle Marie de Guibert, veuve de Jean Prodhomme, écuyer, sieur de Mellay, en Fyé, pour une rente de 4 sous 6 deniers sur le lieu de Fougerolles, en Oisseau, 9 années, 40 sous 6 deniers. — M. de Jupilles, pour onze années d'une rente de 10 sous sur sa terre de Bretignolles, 5 livres 10 sous. — Quelques inhumations dans l'église : Me Pierre Huvé, Me Roland Deleléc, Jean et Claude Leboucher, sieurs de La Potterie, Robert de Jort, écuyer, sieur de Genteville, Louis de Jort, écuyer, sieur des Marais, damoiselle Marguerite Jafolet, Guillaume Levrard, sieur de Lécuyère, Louis Picart, sieur de Lavardin, Me Antoine Chauvin, avocat, Pierre Leboucher, sieur de Baugé, etc. — 1690-1693, Jean Janvier et François Bouttier, perreyeurs, 4 milliers d'ardoise fine, pour raccommoder le clocher, 35 livres 10 sous.

1698-1708. — Comptes de Pierre Thébault, procureur, cahier, in-folio.

Recettes : çà et là : Urbain Lefebvre, président-bailli de Fresnay, arrérages d'une rente de 6 livres sur une maison, 36 livres. — Damoiselle Judith Picart de l'Écottay, pour 10 années d'une rente de 4 sous 6 deniers de rente sur ses héritages au lieu de Hautéclair, en Assé, 6 livres 10 sous. — Le propriétaire des grosses forges de Laune 10 années d'une rente de 8 livres 5 sous soit 98 livres 10 sous. — Total des recettes : 2.023 livres 9 sous.

Dépenses : Au mois d'août 1700, aux ouvriers pour abattre le portail Saint-Joseph, 2 livres 10 sous. — Plantation de 24 arbres au cimetière, 12 livres. — Dépense d'un ouvrier allant à Moulins, septembre 1703, visiter un chêne offert par mademoiselle Bourgeois, pour faire le tambour, 1 livre. — Voyage à cheval à Tours, 50 livres. — Mahot, serrurier, pour serrure du coffre renfermant les titres et fermant à trois clés, des portes du chœur, des armoires de la sacristie... 51 livres. — Payé à Barbot, pour le prix du tambour de la grande porte de l'église, vin de marché, charroi... 118 livres 10 sous.

Le 30 juin 1711, les comptes de Nicolas Drouin furent approuvés par le bailli, Urbain Lefebvre, en présence de Jacques Drouet, curé de Fresnay, M⁰⁰ Jacques Cabour, Julien Picart, J.-B. Lefebvre et Henri Chapelain, prêtres ; M⁰⁰ François Leboucher, sieur de La Fontaine, conseiller du roi, lieutenant à ce siège, François Godmer, conseiller du roi et son procureur à ce siège ; Jacques Pavot et Joseph Lovrard, sieur du Fougeray, avocat à ce siège ; Pierre Cormaille, conseiller du roi et son procureur au grenier à sel de Fresnay ; Nicolas Drouin, sieur du Châtelet, à présent (1711) procureur de la fabrique ; M⁰⁰ Joachim Richardière et Pierre Pavot, prêtres, François Bellard, maître chirurgien, tous habitants de Fresnay.

1709-1718. — Comptes de Nicolas Drouin, procureur, grand in-folio.

Recettes : Passim : 8 livres 5 sous de rente foncière sur la forge de Launo appartenant à la princesse de Conti, et léguée par Jeanne Mantouchet, veuve de M⁰ Pierre Huvé, sieur de La Ravardière, par son testament du 19 déc. 1658, qu'elle était fondée prendre annuellement sur lad. forge, faisant partie de plus grande rente de 35 livres qui avait été cédée au sieur Huvé, son mari, par le sieur de Chanceaux (Boisyvon), seigneur de Saint-Aubin-de-Locquenay, à charge de faire dire par le procureur de la fabrique, vigile des morts et une messe de *Requiem*, au jour de son décès et *de faire sonner avec la clochette les patenôtres aux carrefours de lad. ville, les nuits d'entre le samedi et le dimanche...* Les fermiers de la forge de Launo, les sieurs Poybeau, Duclos et Brossard, sur 33 années d'arrérages échus à la saint Jean 1717, se montant à 313 livres 10 sous, ont payé 132 livres.

Banc occupé par M⁰ Henri Lovrard, sieur de La Manguinière, bailli d'Assé et avocat au siège de Fresnay, 30 sous. — « Banc de Anne Déléée, veuve de Guillaume Lovrard, sieur de La

Bussonnière, 30 sous. — Les héritiers d'Élisabeth Sevin, dame de Trois-Chênes, n'ont rien à payer des deux bancs, dont l'un occupé par damoiselle de Melland, sa fille, et l'autre par les sœurs de l'hôpital de charité de cette ville, et ce pendant la vie de lad. damoiselle. » — Jacques Pavet, notaire royal, pour son banc, 30 sous. — Damoiselle Marguerite Huvé, veuve de Mᵉ Julien Levrard, sieur de La Chaterie, conseiller du roi, receveur des consignations et avocat au siège de Fresnay et bailli d'Assé-le-Boisne, pour son banc 25 sous. — Nicolas, 1ᵉʳ huissier audiencier au siège de Fresnay, pour son banc, 25 sous. — Mᵉ Urbain Lefebvre, bailli de Fresnay, pour ses deux bancs proche N.-D. de Pitié, 62 sous 6 deniers. — Madeleine Dubreuil, veuve de François Godemer, conseiller du roi et son procureur au siège royal de Fresnay, pour son banc, 20 sous. — Marie Dubreuil, veuve de Charles Robert, sieur de La Ramée, conseiller du roi et contrôleur au grenier à sel, pour son banc, 27 sous 6 deniers. — Mᵐᵉ la comtesse de La Luzerne, pour son banc, 68 sous.

Ce registre porte à la dernière page ces mots signés par Mᵍʳ l'évêque : « Nous loüons et approuvons le présent compte après l'avoir examiné. Donné au château de Saint-Aubin dans le cours de nos visites, le 11ᵉ jour d'octobre 1726. Signé : † Froullay év. du Mans. »

1776. — Comptes de Charles Mouton, notaire, procureur de la fabrique, cahier in-f°, assez incomplets. Il est question des bancs du jubé. — Mᵐᵉ veuve Levrard du Ronceray, pour 3 années de son banc, 6 livres 15 sous. — Recettes de 3 années : 2.463 livres 17 sous 9 deniers. Dépenses desd. 3 années : 2.131 livres 19 sous 9 deniers; excédent : 331 livres 18 sous.

(La collection des comptes est incomplète, surtout à la fin du dernier siècle.)

———

Analyse de pièces détachées dont le contenu a été mentionné dans les Comptes ou même les inventaires. Çà et là.

1626. — Messire Honorat Dassigné, chevalier, seigneur comte de Grandboys et de la terre et seigneurie de Moré, reçoit 4 sous de rente sur le pré de la Fontaine, dépendant du temporel de la fabrique de Fresnay.

1451. — Constitution d'une rente de 30 sous sur des immeubles en Gesnes, dans le fief de Vaulx. — Aveu à lad. seigneurie par le procureur de la fabrique, Guillaume Dangé, pour raison de 4 sous aux pleds de Vaulx, le 5 mars 1578, par Robert Poyvet, bachelier ès-lois, lieutenant de M. le bailli dud. lieu.

1511, 21 avril. — Reconnaissance devant Robert Guillon, bailli de Fresnay-le-Vicomte, consentie en faveur de la fabrique dud. lieu, ayant pour procureur Johan Olivier, par Thomas Dupuis et Guillelmine Delinte, sa femme, des arrérages d'une rente de 3 sous, assis sur une vigne.

1493, 15 juin. — Reçu de Johan Guillon, seigneur du fief Destriché, donné à Guillaume Lemercier, procureur fabrical, de la somme de 60 sous pour raison d'un pré, laissé par feu Johan de Saint-Denis.

1426, 6 octobre. — Baillée par Johan de Saint-Denis, bourgeois de Fresnay-le-Vicomte, à Julien Bigot et à Juliote, sa femme, d'une place de maison, à Fresnay.

1447, 30 avril. — Baillée à rente de 3 sous du Pâtis aux chevaux en Saint-Ouën-de-Mimbré, par Me Thomas Thiery, prêtre, recteur de N.-D. de Fresnay, et Michel Lubin, procureur de la fabrique, à Jehan Garel, en présence de Robin Talbot, Guille Mahé et Gringoire Bongis.

1633. — Signification d'huissier à Jacques Vasse, sieur de La Chevalerie, et à Johan Denis, sieur de La Rabine, Me des forges de Laune, pour paiement de moitié d'une rente, l'autre moitié appartenant aux héritiers de défunte damoiselle de Sougé, Marguerite Corbin.

1531. 6 novembre. — Echange entre honnête he Thierry Clément, sieur de Villepointe, procureur de la fabrique, et honnête he Johan Guillon, lieutenant de M. le bailli de Fresnay et seigneur Destriché, en présence de honnêtes et saiges hommes Pierre Picart, conseiller en cour laye, procureur de la généralité des bourgeois et habitants de Fresnay, Johan Deschamps, sieur de La Hibondière, Johan Biseray, châtelain dudit lieu de Fesnay, Guillaume Lemercier, mess. Adam Boussart, prêtre, relativement à 12 sous 6 deniers de rente dus à la fabrique, pour raison de deux journaux de terre, près du pré de Torrentin, qui furent à Michel Leboucher, sieur des Fontaines, Mᵉ Guillon cède 12 sous de rente assis sur une maison, terre et jardin, le tout d'une étendue de 2 journeaux, près la ville sur la terre qui fut à Johan de Saint-Denis, appelée l'Arche de Torrentin.

1369-1500. — Procès contre les Lermitte. « A la date de 1369, le curé de Fresnay était messire Johan Laignel « homme de bon mémoire ». Le procureur de la fabrique poursuit le paiement de de la rente de trois boisseaux de froment, au terme d'Angevine, « pour estre converti à faire le pain et célébrer messe et a communier le peuple en l'église, *faciendo panem sacrum quollbet anno p-brls, 1369, cantantibus,* » autrefois léguée par Guillaume Bouteville, assise sur un journal de terre.

26 janvier 1483. Testament de Johan de Saint-Denis, paroissien de Fresnay, sieur de La Saussaie et de Bretignolles, qui eut pour fils Johan et pour gendre Louis Morin et Johan Guillon. « In nommine Dini. Je Johan de Saint-Denis... sain de penser et d'entendement par la grâce de Dieu faiz et ordonne mon testament ou dernière volonté en la manière qui ensuit : Premièrement, je remetz mon âme à Dieu et je veulz mon corps après mon deces estre ensepulture en l'église de Nʳᵉ-Dame dud. lieu de Fresnay, devant lautier de la chapelle Sainte-Anne auquel lieu je eslis ma sépulture. *Item,* j'ordonne estre dict et celebré le jour de mon obit, le nombre de quarante messes et semblablement quarante messes le jour de mon sepmo, qui sont au nombre de quatre-vingts messes avecque vigiles des trespassez a chun desd. jours et charité de pain ou aultre chose convenable au jour de mond. septimo ainsi que mes exsecuteurs de ce p͞nt mon testament cy-après nomez, verront estre a faire...

« *Item,* ensuit les legs que je fais : je ordone et veulx ung voyage a monseigʳ Saint-Jacques en Galice avecque oblacion de cinq sols tˢ et une messe estre dicte aud. lieu de deux ans après mon décès... *Item,* je done et lesse a monseigʳ Saint-Michel du mont de la ribe? (tubo, tombe), et a monseigʳ Saint-Julian du Mans, a chun cinq sols tˢ a une foiz paier.

« *Item,* a Nʳᵉ-Dame de Fresnay, moitié au curé et moitié à la fabrice, cinq sols... *Item,* aux aultres paroisses du doyenné... à chacun deux sols 6 deniers... *Item,* je donne à la fabrice dudit lieu a toujoursmes par héritage la some de soixante-dix sols de rente que Johan et Johan les Provost d'Assé-le-Boysne sont tenuz faire chun an, au terme de Toussaint a cause de la baillée et heritaige par nous faicts à lad. rente, ensemble vingt sols tˢ... *Item,* je donne... à la confrarie de Nʳᵉ-Dame, fondée en l'église de Fresnay, pour estre participant es bienfaictz et prières d'icelle, la some de 6 sous t' de rente, je droict d'avoir et prendre ch-un an sur le nomé Petaillart, a cause de baillée par moy faicte de certains héritaiges sis en mon fié et sieurie de la Saussale...

« *Item*, je veil et ordonne estre a toujoursmes paier et continuer par mesd. héritiers de ma terre et appartenances de Bretaignolles la some de 20 sols t' de rente au curé et fabrice de... *Item*, je donne aux religieux de Saint-François de Sées une buce de vin et ung septier de froment... ad ce qu'ils prient pour moy et pour mes amys trespassez. *Item*, je donne a mess. Marc Jouannault et Johan Lebouvier, prêtres... la some de 20 livres t', une foys payée par les mains de mes héritiers... »

22 février 1405. Les assises de Fresnay sont tenues par Michel Leboucher.

1375. — Testament en latin de Nicolas Agin, curé de Fresnay, signé J. Desrues.

1508. — M° Martin Gesbert, prêtre, licencié en décret, chanoine de l'église collégiale de Saint-Julien du Mans et curé de la ville et paroisse de N.-D. de Fresnay-le-Vicomte, ayant pour chapelain et vicaire Mess. Marc Jouennault.

22 juillet 1422. — Baillée d'un journal de terre, en Saint-Ouen, fief et seigneurie de Maigné, moyennant 4 sous 2 deniers, au profit de la fabrique de Fresnay.

15 juillet 1481. — Assises de Pré, en Assé, tenues par P. Picart, sénéchal devant lequel paraît Johan Chauvin, procureur de la fabrique de Fresnay, pour 35 sous de rente sur la Hardonnière, en Assé, par Gillet Nicolas, tenant led. lieu de Johan d'Assé en foi et hommage simple.

7 avril 1456. — Déclaration de Guillaume Huyé, procureur de N.-D., aux pleds de Noëramé (Norommé en Assé) tenue par Jehan Pillon ou Papillon, sénéchal.

12 février 1455. — Sentence prononcée par le sénéchal précité aux pleds de Noeramée, en confirmation du droit de percevoir sur la Hardonnière 80 sous de rente.

1765. — Reconnaissance de la rente de 7 sous 6 deniers à la cure et de 6 livres 15 sous à la fabrique par messires Charles-François-Alexandre et Georges Le Bouyer de Monthoudou, mineurs émancipés, demourant à Mamers, sous l'autorité de mess. Abraham Caillard, écuyer, seigneur de La Morillière, demourant en lad. ville, et mess. Jacques de Beigneux, chevalier, seigneur de Courcival, Beigneux, Argençon, demourant au château de Courcival, leurs curateurs. Cette rente venait de leur tante, dame Françoise-Charlotte Le Bouyer, veuve de M° François Leboucher, lieutenant général au bailliage de Fresnay.

1776. — Aveu rendu par la fabrique de Fresnay à mess. Alexis-Emmanuel de Tragin, chevalier, baron et seigneur de Cohardon, du Plessis-Ruel, Moire-la-Gaillarde, Blandin, Couptrain, Boulay et autres lieux, chevalier de Saint-Louis, demourant ordinairement à son château de Moire-la-Gaillarde, en Coulombiers, pour une rente de 12 livres affectée sur un demi-journal dans la plaine des Boulais, en Cherisay, en faveur de la confrérie du Saint-Sacrement.

28 février 1587. — Copie d'un contrat d'acquet fait par noble René de La Vergne, sieur des Roches, y demourant, paroisse de Douillet, d'une pièce de terre de 4 journaux, les Vaulx, en Douillet, fief et seigneurie de la Grand'Beauce, au prix de 92 écus, avec charge de 2 deniers de cens, à ladite seigneurie, d'une rente à la fabrique de Fresnay de 23 sous 4 deniers, le tiers de 4 chapons, en acquittant tout ce que Michel Lemoyne, époux de Marie Petiot avait coutume de payer. Signé : J. Briffaut, notaire, à Douillet.

1579-1582. — Reçu de noble Jehan de Moré, sieur du Val, de Saint-Christophe-du-Jambet, à cause de sa femme, pour raison du lieu de Hotteau, en Saint-Aubin, contenant 25 journaux de terre, la somme de 50 sous tournois.

22 juin 1676. — Jugement au siège de Sillé relativement à la rente de 8 livres léguée par le testament de... Mautouchet, et à prendre sur les forges de Laune. En 1633, Jacques Vasse, sieur de La Chevalerie, Jean Denis, sieur de la Rabine, sont maîtres de forges de Laune.

1625. — « Le deuxiesme jour de juillet de l'an 1625, à la requeste du procureur de la seigneurie de Moré, j'ay adjourné M° Vincent Letaisier, procureur de la fabrique de Nôtre Dame de Fresnay par devant Monseigneur le bailli de ladite seigneurie, au logis seigneurial dud. Moré au mardi 15° jour de juillet, pour exhiber le tiltre d'un' pré, situé en la Cousture dud. Fresnay dépendant de lad. fabrique, tenu de la seigneurie de

Moré... faict par moy Pierre Lebouc, sergent de lad. seigneurie... »

1681. — Pierre Dubreil, licencié es droits, tabellion et garde scel royal pour la chapelle royale du Gué de Mauny et baronnie de Fresnay, au bureau établi aud. Fresnay, atteste l'acte par lequel René Langlois, écuyer, seigneur de La Poterie et de la terre, fief et seigneurie de Bretignolles, demeurant aud. lieu de la Poterie, paroisse dud. lieu, province de Normandie, reconnaît devoir à la fabrique de Fresnay 10 sous de rente foncière, chaque année, à la Toussaint, pour raison de la terre et seigneurie de Bretignolles, en Saint-Victeur.

8 oct. 1625. — Déclaration du procureur fabrical de Fresnay, pour raison du Grand-Châtellier de 4 journaux, aux plaids de Jupilles, tenus par Pierre Bourgerre, licencié es droits, bailli.

20 novembre 1741. — Approbation par Mgr de Froullay, évêque du Mans, de la proposition de Joseph Marcau et Anne Deslandes, sa femme, de fonder à perpétuité, dans l'église de Fresnay, le jour de la Présentation de la Sainte-Vierge, les vêpres, la veille, le jour, la grand'messe, vêpres ensuite, avec exposition et bénédiction du Saint-Sacrement, moyennant 6 livres 10 sous de rente, dont 4 livres pour les prêtres et 2 livres 10 sous pour la fabrique ; la rente amortissable en payant 150 livres.

13 novembre 1758. — Procès-verbal constatant les travaux entrepris par Joseph Le Brun, sculpteur et doreur, demeurant au Mans, paroisse de la Couture, savoir, deux autels, dans l'un desquels il y aura un tableau de saint Michel, de 5 pieds de hauteur et de 3 pieds 8 pouces de largeur ; dans l'autre, N.-D. de Pitié, raccommodage d'un tableau ayant les dimensions de celui de saint Michel ; dorure de la gloire des deux autels ainsi que les ailes des chérubins qui tiennent les guirlandes de fleurs du sommet et des côtés ; peindre les visages, les cheveux, en nature, le fond des autels et les ornements en camaïeu bleu, le tout à l'huile et en or bruni, ainsi que pour les tombeaux en marbre... fourniture d'une chaire en bois de chêne de prédicateur avec gloire au plafond, nuage, rayons et un Saint-Esprit en argent, le tout en relief. — Le sieur Le Brun garde les anciens matériaux, et reçoit 1.340 livres y compris le pot de vin.

8 juin 1543. « Inventaire des meubles, ornements et ustensiles, estans dep. en l'église parochial de Notre-Dame-de-Fresnay le vic., faict par maistre Robert Poyvet à pntproc. de la fabrice et tresor de lad. eglise en la prnce de ven. et disc. maistres

Nicole Paulmier, Lucas Lermite, p͞bres et Pierre Drouet, — et lesq. meubles ont este p͞ntez p. Jehan Le Boucher, secrètain de lad. eglise.

« Et premier, une grande croix d'argent doré en laquelle y a ung crucifix, Notre-Dame et saint Jehan enpsonnaiges, au coin avec les quatre evangelistes... et de l'autre coste Notre-Dame au milieu et quatre Aptes aux quatre bouts elevez...

« *Item*, sept calices dont y en a quatre dargent doré, ung grand autref. donno par def. Colin Boutier dont son nom est escript en la pate diceluy. — Les deux autres y a en chun diceulx une croix dorée engrainée en la pate diceulx.

« *Item*, deux calices destaing.

« *Item*, neuf corporaliers, un court de velours rouge auquel y a ung crucifix, Notre-Dame et saint Jehan. — Ung autre de drap dor, ung de drap de soye et vert...

« Au coffre de la chapelle Sainte-Marguerite... a este trouvé ce qui ensuit : et premier, en le coin dud. coffre, ung austel portatif estant enchassé deboys, quatre veilles estolles, quatre phanons... une chappe de bourdes qui est rouge et verte. (1).

« Une chapelle dornemens de soye verte... une chapelle de vieulx ornemens des trespassez, autref. donnez par def. Jehan Deschamps...

« Ung aultre coffre de la chapelle Sainte-Barbe, auquel on met lesd. ornemens, a este trouvé ce qui ensuit : et premier, une chapelle fournye de chappe, chassuble, tunicques, estolle et phanons, de damas violet avec les paremens, des aubes servant à lad. chapelle.

« *Item*, six chassubles veilles, l'une de toile blanche... une chassuble de tripe de velours rouge, fournye destolle et phanon... ung parement de tapfetas rouge, servant sur l'imaige Notre-Dame de Pitié avec une toille de Cambray servant sur lad. ymaige.

« Ung parement à la chaire pour prescher...

« Deux petites paix en cuivre et laiton ; une grande paix en cuyvre.

« Deux chandeliers de cuyvre estans sur le gr. autel ; 7 chandeliers apposez sur le devant dautel Notre-Dame... Une custode à porter Dieu aux maisons. Une custode auql repose le corps de n͞re Seigneur devant limaige Notre-Dame.

« Une lampe pendant a chesnes devant la custode et ymayge

---

(1) Le manque de sacristie mettait dans l'obligation de tout mettre dans des coffres qu'on dissimulait çà et là, dans l'église.

nre Dame. Ung grand coffre estant soubz le crucifilz a esté trouvé le linge qui ensuyt : sept nappes en grand leze... une grande nappe dangier qui sert à communier à Pasques. *Item*, 40 mouchouers envelop. les galices. Ung grand coffre... a esté trouvé : onze sourpeliz... vingt quatre aulbes, 54 emitz... Ung autre petit coffre en faczon de marchepied estant au pulpitre a esté trouvé plusieurs vielles ferrailles. — *Item*, deux peres de fers a faire le pain a champter, l'une gravée de deux grand et deux petiz, l'autre gravé à six petiz.

« Une bannière faicte en tapisserie. Ung petit benoistier estant dessoubz le crucifilz. — La table du Stabat. — Ung grayet en parchemyn. — Ung legendyer en parchemyn. — Troys manuelz dont y en a ung de parchemyn et deux en papier. — Deux psaultiers en parchemyn. — Ung. aut. livre auquels sont les *venites* et la messe ser. et lordonnance des dymanches. — Quatre messetz en papier et ung en parch. myss p. escript avec la main. — Ung grand breviaire imprimé. » (Il n'y a pas d'autres livres.) Signé : Lermite, Paulmyer, Leboucher, Ferrand, Drouet, Poyvet. — Un inventaire, fait après le passage des Huguenots à Fresnay (1562), devrait accuser la disparition d'une bonne partie du mobilier énuméré ci-dessus.

DÉCLARATIONS & AVEUX

FAITS AUX SEIGNEURS DE FRESNAY

1445-1678.

I.

Déclarations féodales reçues par les seigneurs de Fresnay, Jean, René et Marguerite de Lorraine, sa veuve, Charles, duc d'Alençon, Charles, duc de Vendômois, Françoise d'Alençon, Antoine de Bourbon, roi de Navarre, René et Odet de Saint-Denis et Louis Potier, des héritages divers mouvant censivement de la baronnie de Fresnay. *Passim :* Jehan Gouin, pour 2 maisons, 1445. — Ambroise Rousseau, pour maison, 1453. — Guillaume Le Cleraunaye, id. — Jehan de Saint-Denis, 1453. — Jacques de Cercsay. — Jehan de Bretaigne, 1455, pour un jardin, sis en la bourgeoisie de Fresnay. — Les religieux, abbé de Saint-Martin de Sées. — Johan Bellant, pour une maison dans la rue tendant de la porte du Val à l'église de Fresnay. — Gillet Berthe dit de La Chaussée, pour 2 quartiers 1/2 de vigne en une pièce, nommée les Ruelles, entre Saint-Sauveur et Torrentin, 1459, côtoyant d'un côté Jehan de Saint-Denis.

Alain Elliand, prieur de Saint-Sauveur, pour le temporel dud. prieuré et le fief en dépendant, 1459. — Jehan Bellouche. — Vincent Esvrard. — Jehan Clément. — Hubert Ragot, pour une maisonneys avec courtil, devant la porte *Brandelle*, en la rue Saint-Sauveur, 1460. — Guillaume Mollet, pour maison sise près la porte *aux mures* dud. Fresnay. — N° 51, Jehan, Jacques de Cerisay, frères et frareschours. — Jehan Pourcel, prêtre, pour une maison. — Julien Gallepin, pour une maison sur la ruelle tendant à la porte de là *Gesne à Josaphat*. — N° 59, Loys Le Rouille, sieur du Rousay, à cause de Gillette Brisoul, son épouse, pour la chaussée et métaige? du grand étang de Rousay, sous le devoir de 10 sous t', 1402.

Jehan Doust, pour une pièce de terre de 3 journaux, sise au

Masures, sous le devoir d'une maille t'. — Macé Jouennault, prêtre. — Jehan Desmons. — Jehan Lemaçon, 1469. — Etienne Dutailleul. — N° 80, Jehan Chevalier, prêtre, curé de Fresnay, 1469, et procureur pour les curés de la convocation du doyenné dud. lieu, pour la somme de 25 sous t' de rente que Gatien Lecomte, à cause de sa femme, est tenu faire au nom que dessus, chacun an, au terme de l'Angevine, sur la maison où il demeure.

« Déclaration rendue à Fresnay par Pierre Duroy, pour le prieuré de Saint-Sauveur, et fief en dépendant, 1470 : 1° domaine du prieuré; 2° un journal de terre, en la plaine de Saint-Sauveur; 3° trois planches de vigne; 4° un journal, assis en la Cousture, près Champagné; 5° deux journaux, au Rocher Lambert; 6° pièce de terre, dans la plaine de la Saussaye; 7° un champ, partie en terre labourable, partie en pré, contenant 5 hommées, assis près la grange dud. abbé de Sées; 8° un jardin d'une journée à bêcheur, près la barrière de la rue Saint-Sauveur; 9° autres choses héritaux dud. domaine, assis en la bourgeoisie; 10° un journal de terre et un quartier de gast, assis au Cloux Drouets; 11° un journal, assis au cloux des Poullies près Fresnay; 12° demi-journal, contenant semeure à 4 boisseaux, assis en Rippault; 13° 2 journaux de terre à La Batterie en 3 pièces; 14° un lotereau d'un boisseau de semeure, contenant 7 *saillons*; 15° 2 planches de vigne, au clos dessus la fontaine Saint-Guillaume; 16° deux planches de vigne; 17° 2 journaux de terre près Saint-Sauveur; 18° un lotereau de terre, à la Fosse; 19° s'ensuit le féaige et fief pour raison duquel les personnes ci-dessus déclarées me sont tenues de faire les cens, rentes et devoir qui s'ensuivent; 20° la moitié du fief de Villers, commun entre le prieur et le seigneur de Fresnay, lequel est reçu par votre châtellerie qui m'en délivre la moitié lequel fief monte à environ 2 sols 6 deniers t'; 21° la moitié, du droit de prévosté, coutume et estaillage qui se tient, chacun an, à la foire qui siet à saint Sauveur, au jour de lad. fête. Lesquelles choses, je (le prieur) advoue tenir en garde et en ressort et au saint service divin, et au regard desd. choses de bourgeoisie... En témoignage de ce j'ai signé cette présente déclaration de mon seing manuel cymys, 20 décembre 1470. »

Les déclarations continuent: Johan Prohondé.— Guillo Guillin, pour le prieuré de Saint-Sauveur, 1474. — Johan Le Fournier, bailli de Fresnay. — Pierre Picart, Guillaume Lemercier, tabellion en cour laie. — Johan Genest, 1485. — Déclaration rendue par le couvent de la Couture du Mans, pour le temporel du prieuré de Saint-Sauveur, par Mathurin Langelier, prêtre, fermier dud. prieuré, au nom de Étienne Lemaignan, prieur dud. prieuré. — Sentence de Johan Guillon, lieutenant de messire Thierry de Clamorgan, chevalier, seigneur de Neuillé, bailli de Beaumont et de Fresnay, pour le duc d'Alençon. — Pierre de La Barre, de l'ordre de Saint-Benoît, prieur tant en chef que membre du prieuré de N.-D. de Fresnay, dépendant de l'abbaye de Saint-Aubin d'Angers, « advoue tenir du duc d'Alençon : 1° une maison en l'enclos de votre châtel, avec la cour et issues, près laquelle a une chapelle, fondée de M⁺ Saint-Léonard, 1489. »

Bail à rente par Guillaume Malet, prêtre, chapelain de la chapelle Saint-Gilles, fondée et desservie en l'église de Fresnay, à Yvon, chapelain, d'une portion de terre tant en prés que bois, près Saint-Aubin, joignant le pré de la cure de Fresnay, 1491. — Johan Doulxdieux et Lucas Mouton, notaires. — Michel Dubreul, pour une maison et jardin, près la porte du Maine, 1491. — N° 129, Noël Daguenel, prêtre, maître ès arts, régent des écoles de Fresnay, 1490, pour sa maison et un jardin, « est tenu faire la bourgeoisie en la communauté des bourgeois. » — Guillaume Huvé, pour une maison dans la rue allant de la porte Pesvere à la porte de Josaphat.

Guillaume Regnault, bourgeois, pour maison, terre et jardin. — Michel Deschamps, bachelier ès lois. — Procuration en latin de Guillaume, abbé de la Couture, au Mans, pour la déclaration de Saint-Sauveur de Fresnay, 1492. — Berthelot Le Courrier, prieur de Saint-Sauveur, 1493. — Johan Debroces, prêtre. — Johan Rousseau, boulanger. — Mathurin Langelier, prêtre, chapelain de la chapelle de Saint-Jean, près Fresnay, cour et issues, avec courtil en un tenant... « lesquelles choses m'ont autrefois été baillées par M. Johan Le Breton, prêtre, maître de la Maison-Dieu de Fresnay pour lui en faire et continuer chacun an à ses successeurs, maîtres de ladite Maison-Dieu, 15 sols 6 deniers t⁺ de bourgeoisie en communauté de vos autres bourgeois avec droit et obéissance, 1495.

Johan Chauvin, pour une maison, est tenu faire, chacun an, la bourgeoisie, et aux religieux, abbé et couvent de Champagne, 10 sous 8 deniers, pour une vigne, au lieu de Réchecheviste (Rochâtre)... 1496. — Déclaration de damoiselle Jehanne Le Rouillé, dame de Rosay, à cause de la chaussée du grand étang de Rosay, ainsi qu'elle se poursuit avec le droit d'édifier et de rééditier, sous le devoir de 10 sous t⁺, 1498. — Thomas Richard, pour jardin, sis en la rue Saint-Sauveur, près le champ Saint-Nicolas, dépendant de la chapelle Saint-Nicolas, fondée en votre chastel, aud. lieu de Fresnay, 1508. — Mention du chemin tendant de la porte du Maine à l'Arche. — Geoffroy Guiller, tanneur, 1510. — Pierre Aluyau, peletier, pour une maison près la porte « à tirer à Alençon, appelée la porte Aumures. » — Adam Brindeau, prêtre, au Mans. — Guillaume Montanger. — Germain Langelier, Mathurin Legneu, notaires, 1511.

Jehan Bouvet, prêtre, chapelain de Saint-Gilles, Jehan Lemartineau, prêtre. — N° 244, déclaration des choses héritaux de Jehan de Cordouen (signature), écuyer, seigneur de Mimbré, sous le devoir de 20 deniers, 1514. — Jehan Rubiac, barbier et chirurgien, à Fresnay, 1517. — Jehan Rousseau, prêtre, administrateur de la Maison-Dieu de Fresnay, 1528. — Lancelot Le Boucher et Jacques Tafforeau, notaires et praticiens en court lays, 1523. — Germain Blanche, prêtre, chapelain de Monseig^r Saint-Jean, en Fresnay, pour une maison, 1523. — Jehannet Daverton. — François Picart, prêtre. — Mathurin Bouillier, pour une maison, doit obéissance à Charles, duc de Vendôme, et à la fabrique et au curé de Fresnay, 10 sous de rente, 1532. — Guillaume Poyvert et Nicolas Lecomte, notaires en court lays, 1533.

Pierre Regnault, prêtre, prieur de Fresnay, pour le temporel de son prieuré, 1535. — Claude Paulmier, pour un jardin, sis à la vieille porte du château. — N° 300, Pierre Bellemote, prêtre, curé de Fresnay, pour son temporel, 1536. — Aubier, René Morin, notaire. — Pierre Galant, lecteur ordinaire du roi, principal du collège de Boncourt, à Paris, prieur de N.-D. de Fresnay, dépendant de l'abbaye de Saint-Aubin d'Angers, pour le temporel de son prieuré, 1545. — Léonard Mesnaige, prêtre. — François Le Royer, prieur de Saint-Sauveur, y demeurant, pour le fief et temporel du prieuré dud. lieu, 1548. — Jehan Bigot, pour la pièce de terre, les Masures, en Saint-Ouen. — Jehan Provost, Guillaume Bourgnier, notaires. — Procuration de Me Victeur Métivier, chapelain de la chapelle Saint-Jean. — Jehan Boutelou, barbier (signature).

François Ferrand, procureur de l'église de N.-D. de Fresnay, pour plusieurs rentes sur maisons et jardins, 1552. — Jehan Potier, prêtre, chapelain de la chapelle Saint-Jean, 1556. — Thierry Regnault, licencié es lois, bailli de Fresnay, mande à son sergent la reprise de la jouissance du moulin de Paillart, 1557. — Edouard Ligeard, notaire royal. — Michel Vétillart, notaire praticien en court lays, 1599; le même, en 1620, notaire au Mans. — Michel Picot, sieur de Grandchamp, demeurant à Fresnay. — N° 415, dernière déclaration faite au roi de Navarre, 17 avril 1562. — N° 416, première déclaration faite à messire

René Odet de Saint-Denis, chevalier de l'ordre du roi, capitaine de 50 hommes d'armes, gouverneur et lieutenant pr S. M. au duché et bailliage d'Alençon, seigneur baron de Hertré et Fresnay, 21 février 1580. (A l'art. Fresnay, p. 474, J.-R. Pesche n'est pas d'accord avec cette déclaration.)

Déclaration d'André Milloys, 1601. — Julien Drouet, sieur d'Aubigné. — N° 450, dernière déclaration à messire Odet de Saint-Denis, 1607. — Déclaration à messire Louis Potier, conseiller du roi, comte de Tresmes, baron de Gèvres et de Fresnay, seigneur de Courcité, La Poôté, Saint-Léonard-des-Bois... 9 juillet 1610. — Blanche, Vétillart, notaires, 1610. — Chauvin, marchand, demeurant au lieu du Bourgneuf, faubourg de cette ville. — Fois Richardière, tanneur à Fresnay. — Robert de La Maignée, sieur de Saint-Denis.

Ce qui précède n'est qu'un extrait succinct d'un portefeuille de 500 feuillets, gr. in-f° parchemin, allant de 1408 à 1610 et portant le n° 22 de la série E. des Archives de la Sarthe que nous avons analysé dans l'inventaire sommaire, dressé en 1803, à la préfecture de la Sarthe, et mis à la disposition du public en 1870.

II.

N° 582. Lettres patentes de Louis XIII, roi de France, créant à Fresnay quatre foires par an et deux marchés par semaine, la 1re, au jour et fête de saint Mathieu, en février; la 2me, le lundi d'après l'Ascension; la 3me, le 21 juillet et la 4me, le 25e jour de novembre; et les marchés, le lundi et le samedi de chaque semaine. Ces lettres furent octroyées à Louis Potier, baron de Gesvres et de Fresnay. Elles portent la signature de Louis XIII, en la première année de son règne, avril 1611.

Nous allons continuer l'analyse des déclarations reçues par Louis et Bernard Potier, seigneurs engagistes de la baronnie de Fresnay, et par le roi Louis XIV, rentré en possession de ce domaine, pour divers héritages mouvants censivement de ladite baronnie.

Déclaration de François Bourée, curé de Fresnay, 1610. — Michel Dauge et Bourgeois, notaires et praticiens en court lays. — Michel Gondouin, sergent. — Charles Gervaiscaux, pour une maison nouvellement construite au faubourg, dans le lieu appelé l'Ermitaige, sous le devoir de 4 deniers et l'obéissance. — Bamas, notaire, demeurant à Saint-Ouen de Mimbré, 1623. — Robert Pelard, prêtre, administrateur de l'aumônerie de Fresnay.

— Drouet, sieur du Mortier, fait obéissance pour 50 livres de rente sur la maison de la Croix-Verte, 1626. — Pierre Moinet, notaire royal à Saint-Germain. — Baillée à rente de 30 pieds de roi proche la porte d'Alençon à Jacq. Dubreil. — Antoinette Espinay, veuve de Michel Picot, sieur de Grandchamp, demeurant à Fresnay.

Guillaume Levrard, marchand tanneur à Fresnay, fait sa déclaration à messire Bernard Potier, baron de Fresnay, seigneur châtelain d'Assé-le-Boisne, 1634, pour une tannerie avec jardin, située en la rue du Sac de la Basse-Cour. — Ch. Maigné, notaire à Fresnay. — Ambroise Mareau, prêtre, et Gervais Mareau, marchand libraire, demeurant à Fresnay. — Guillaume Barbin, à présent meunier aux moulins Blarets de Fresnay. — Michel Blavette, marchand-drapier. — Macé Bernard, notaire royal au Mans, demeurant à Fresnay, 1634.

Guestier, prêtre, prieur commenditaire du prieuré de N.-D. de Fresnay, dépendant de l'abbaye de Saint-Aubin d'Angers, chaisier de l'église collégiale de Saint-Martin de Troo, pour sa maison dans l'enclos du château... 1635. — Antoine Chauvin, licencié en droit, tabellion et garde scel royal au bureau établi à Fresnay, 1638. — Lancelot Girouard, sieur de Villeneuve, fermier receveur général de la baronnie de Fresnay, demeurant au château dudit lieu, sur le bon plaisir de Léonard Potier. — Bail à rente de deux places de jardin, proche la porte du Mans, signée : Blerancourt, baron de Fresnay, 4 mai 1639, à Paris. — Baillée à rente d'une place vacque dans les fossés, à honnête h° Pierre Vétillard, maître tailleur d'habits, à Fresnay. — Arrentement fait par Vincent Mariette, pour 10 sous et 2 deniers de cens, d'une place dans les fossés.

A cette époque, le seigneur de Fresnay vend quantité d'emplacements dans les fossés ; la vieille ville romp son enceinte, on ne veut plus être enfermé par des murailles et des fossés.

Bail à rente perpétuelle d'une vieille tour proche la porte d'Alençon, à Julien Le Maistre, sieur de Saint-Thibault, demeurant à Fresnay, pour 5 sous de rente foncière et 12 deniers de cens amendables, 1646. — Baillée à rente à mess. Nicolas Chocquet, sieur du Vieux-Pré, demeurant à Fresnay, d'une place de maison, en la rue des Douves du château de cette ville, 1646. — Déclaration de Louis Haton, apothicaire, pour une maison.

Déclaration de Marguerite Drouet, veuve de Paul Rebou., sieur du Sureau, 1652. — Jacques Jardin, apothicaire, à Fresnay, pour une maison. — Samson Hercé, notaire, à Douillet. —

Marin Lamboust, notaire, à Saint-Aubin-de-Locquenay. — Marguerite Sevin, veuve de François de Montesson, écuyer, sieur de Saint-Aubin-du-Désert et de Douillet, demeurant à Fresnay, 1652. — Johan le Couroyeau, notaire, à Fresnay. — Pierre Bourgeois, avocat au siège royal de Fresnay. — C. de Melland, conseiller du roi, bailli et juge royal à Fresnay. — Jacques Pavet, not. royal, à Fresnay. — Vincent Maignée, mégissier et parcheminier, à Fresnay, 1674. — Urbain Lefebvre, avocat, au siège de Fresnay. — François Tubœuf, marchand tessier, à Saint-Georges-le Gaultier, pour une petite maison, au lieu de Villepaincte, paroisse de Saint-Ouen-de-Mimbré. — Abraham Picart, sieur de Lescottay, avocat au siège de Fresnay. — Guillaume Berol, maître organiste, à Fresnay, 1675. — Julien Percheron, conseiller ordinaire du roi, lieutenant particulier au siège royal de Fresnay, demeurant au Mans, paroisse du Pré, 1675. — Jacques Theureau, demeurant au lieu du Pré-au-Moine, en Fresnay.

Déclaration de messire Jacques du Mesnil, écuyer, seigneur du Molland, demeurant en la maison seigneuriale de pré, paroisse d'Assé-le-Boisne, 1675. — René Blavette, prêtre, curé de Saint-Léonard-des-Bois, chapelain de la chapelle Saint-Jean, au faubourg de Fresnay. — Johan Millois, tanneur. — L'écluse du moulin du Gué-Paillard. — Guillaume Louvel, sieur de Grand'Maison, marchand, à Saint-Ouen-de-Mimbré, à Villepaincte. — Robert Vétillard, marchand boulanger. — François Richardière, marchand foulon, au Bourgneuf. — François Ménard, sieur de la Polinière, avocat, à Fresnay, 1676, demeurant au Mans, faubourg et paroisse Saint-Jean. — Robert de Jort, écuyer, sieur de Genteville. — Simon Huron, huissier, demeurant à Assé-le-Boisne. — Pierre Cormaille, 1676. — Joachim de Leleléc, sieur de Boisfichard. — Pierre Dubreuil, conseiller du roi, contrôleur au grenier à sel de Fresnay. — Jacques Cabour, prêtre, demeurant à Fresnay, pour un jardin sur le chemin tendant des moulins de Fresnay à la chapelle Saint-Joseph, 1676.

Cet extrait d'un portefeuille, gr. in-f°, renfermant 282 pièces parchemin et 7 papier, comprend, de 1611 à 1678, les articles 582 à 863 du n° 23 de la série E des Archives départementales que nous avons analysées dans l'Inventaire sommaire, dressé en 1803, à la Préfecture de la Sarthe.

RECETTES & DÉPENSES

DE LA

CHATELLENIE DE FRESNAY

1371. — *Passim* : Michel Jousselin, pour trois estaulx, 16 d. — Jehan Delolée. — Famille Quocquampoule (nom d'un village de Saint-Victour). — Madame de Rouzay, pour le motaige et chaussée de l'estang du Rouzay. — Le seigneur de Fontaines, pour les vignes de Fresnay, nommées La Fromagée. — Jehan Rogier, pour la maison de l'Escole. — Jehan Lebreton et la dame de Saint-Georges, autrement des Loges, pour la maison qui fut à Juliot Tubouf, joignant aux fossés.

Julian Lemoine, pour la moitié du mesurage et chargeage du vin de la bourgeoisie de Fresnay. — Jehan Ysambart de la Barre, Gervaise Berthevin. — Guillaume Denyau. — Le chapelain de la chapelle Saint-Nicolas au chastel de Fresnay. — Moulin à tan d'Espaillart. — Pierre de Corbusain, pour la rivière de Sarte, paie, par an, 30 sous. — Les moulins à blé de Fresnay payent 81 livres par an.

1395. — Michel Leboucher est procureur de Beaumont et de Fresnay. — Recette de l'herbe des prés de Torrentin, contenant journées à 12 hommes faucheurs, 8 livres tournois. — Jehan Devron fait une rente de 3 charretées de foin. Pierre de Corbusain, au nom de Pierre, son fils, à présent chapelain de la chapelle du chastel de Fresnay, 1396. — Raoul Duboisfoucher, prêtre, à cause de la chapelle de sainte ... de Notre-Dame d'Etival, 8 livres 15 sous. — Mess. Jehan de Laval, sire de Loué, sur la recette dud. lieu de Fresnay, pour chacun an, au terme de saint Christophe, 15 livres 10 sous.

Jehan Courteilles, capitaine de Beaumont, a 60 livres de gages.

Pierre de Corbusain (en Sougé), capitaine de Fresnay, prenait (1395) sur les moulins ses gaiges de l'année, 60 livres.

Gervaise Devron, bailli de Beaumont et de Fresnay, a 20 livres de gaiges.

Jehan de Saint-Denis, l'ainé, procureur du seigneur d'Alençon, aux assises du Mans, prend 10 livres pour ses gaiges.

Michel Leboucher, procureur desd. lieux, 7 livres pour gaiges.
Olivier Rouillon, avocat de mond. seigneur, 10 livres id.
Jehan Boudin, avocat, id. 10 livres id.
Yves Coutelles, avocat, id. 5 livres id.

Jehan de Saint-Denis, l'ainé, procureur de mond. seigneur en la terre d'Anjou, 5 livres.

Jehan Didier, portier de la tour de Beaumont (garde et géolier), 6 livres de gaiges.

Pour avoir poiez, pour desp. du présent envoi au Mans en commandement de bouche de mes seig. du conseil de monsgr... porter une lettre close de mond. seigneur à Jehan de Saint-Denis, procureur de Mgr pour assembler les avocats de monseigr, pour avoir avis de certaines significations qui avaient été faites par Jehan de Chemeux, sergent du Châtelet, aux provots de Beaumont et de Fresnay, et à moi, de certains arrêts de plainte, à la requête de la Basse et couvent d'Estival... 20 sous 8 deniers.

« Pour deniers poiez du command. de Mons. par ses lettres à Jehan de Nerbonne et Gilet de Nerbonne, ardoisiers (Saint-Léonard) a qui il estoit du 15 livres de certain... qu'ils avoient pu... fournir la halle de devant l'église de Fresnay d'ardoise et rendre en place. » (Extrait du n° 671 des Archives municipales du Mans, gr. parchemin de 14 f.).

1711. « Il y a ordinairement en la ville de Beaumont un exécuteur de haute justice auquel on doit payer des gages et lorsqu'il n'y a point d'ordinaire, il faut payer ceux qui viennent faire les exécutions criminelles. Ce qui peut se monter ordinairement à 60 livres. » Série E., 19.

P. Moulard.

ANALYSE
DES
REGISTRES PAROISSIAUX DES BAPTÊMES
MARIAGES ET SÉPULTURES
DE FRESNAY-LE-VICOMTE
AVANT LA RÉVOLUTION

HISTORIQUE

On croit que c'est François I*er* qui, par un article de 1539, prescrivit, le premier : « Qu'il soit fait registre, dans chaque paroisse, en forme de preuve de baptême ». Déjà quelques assemblées ecclésiastiques avaient fait sentir la nécessité de tenir ce registre, ce qui n'eût lieu qu'en vertu de l'ordonnance royale d'avril 1667. Avant cette date l'usage était établi depuis longtemps dans les grands centres et dans certaines paroisses ; en dépouillant les registres de Parcé et de Verneil, j'ai trouvé les dates de 1525 et de 1533, pour point de départ.

Dans les actes de baptême écrits en latin, la formule est à peu près celle du Rituel romain ; elle est dressée très brièvement.

Les prescriptions relatives aux mariages et aux sépultures sont moins anciennes. Plusieurs ordonnances du xviiᵉ siècle, sur la tenue des Registres, ont été promulguées d'une manière générale, tels que l'édit du Roi, d'octobre 1691, et l'arrêt du Conseil, de novembre suivant. D'autres ordonnances royales réglementent aussi la tenue des actes de sépulture, 1726 et 1736.

L'inscription de la sépulture ne se fit plus avec celle des baptêmes et des mariages ; elle fut séparée par suite de l'ordonnance royale, du 20 avril 1736. Celle d'avril 1667 portait une pénalité sévère contre ceux qui voudraient marcher dans les anciens errements. Les registres se firent sur papier timbré et portèrent en tête la signature des magistrats.

L'arrêt de la cour du Parlement, du 24 juillet 1714, enjoignit à tous curés et vicaires de faire mention dans les registres destinés à écrire les baptêmes, mariages et sépultures de leurs paroisses, des morts et sépultures des enfants, à quelque âge qu'ils soient décédés, sous peine de demeurer responsables des dommages causés aux parties. Le tout suivant l'article 20 du titre XX de l'ordonnance d'avril 1667.

Au mois de juillet 1709, Louis XIV donna un édit portant création d'offices de greffiers-gardes-conservateurs des registres de baptêmes, mariages et sépultures, et de leurs contrôleurs.

Avant le synode ou concile de Tours, en 1583, on donnait, comme vous pouvez le voir sur les registres de cette époque, deux parrains à un garçon et deux marraines à une fille. Cet usage disparut complètement à Fresnay le 23 septembre 1594, « par sentence donnée par M. l'Official du Mans ».

Le concile de Trente avait blâmé cet usage.

A partir du 1er janvier 1793, le premier officier municipal tint l'état civil, conformément à la loi du 20 septembre 1792.

Tous les registres paroissiaux comprenant l'état civil ancien furent concentrés à la maison commune ou mairie, en vertu de la loi précitée.

1541 - 1792.

Le premier registre commence le 26 avril 1541 par le baptême de Françoise Clément, fille de Girard Clément et de Loyse, sa femme. Parrain, Mathurin Lequeu ; marraines, Francoyse, femme de Me Jehan Clément, et Marie, femme d'Yves Picard. — Mes Lucas Paulmier, Thibault, Chauvin, Catherin Le Boucher, prêtres, font des baptêmes en 1541 et 1542. — 25 septembre 1541. Baptême de Gaspard, fils de Me Antoine Picard et d'Anne, sa femme. Parrains, le seigneur Gaucher, chevalier et commandeur du Guéliant et de Gratoil, et le sieur Gervais Rousseau, sieur de La Fontaine ; marraine, Jeanne Sanguin, femme de Julien de Cherin.

14 mai 1542. « Fut baptisé Pierre, fils d'André Bonvoust et de Perrine, sa femme, et furent parrains, Pierre Leroy et Gille Daverton, et marraine, Jehanne Daverton, et le baptisa Me Lucas

Lermite, prêtre. » — 26 mai 1542. Baptême de Roberde, fille d'Étienne Dondienal et de Radegonde, sa femme. Parrain, Robert Maigner ; marraines, Marie Maignesse... — 16 juillet 1542. Baptême d'Hélène, fille de Mᵉ Jacques Tafforeau, par Mᵉ Pierre Bellemote, curé de Fresnay, lorsque Mᵉ Léonard Menaige en est doyen. — 1ᵉʳ mai 1544, Baptême de Jacquine, fille de Mᵉ Antoine Picard, par Mᵉ Lucas Lermite, prêtre. Parrain, Guillaume de Mellay, seigneur de Chantemesle, en Assé-le-Riboul ; marraines, Jacquine, fille de M. de Cerisay, et Anne, fille de... — 16 oct. 1544. Parrain, Julien de Chervy, sieur de La Pommeraie.

21 mars 1546. Baptême de César Martin. Parrains, Jean du Bouchet et Gaucher de Mellay, sieur de Cerisay, en Assé-le-B.; marraine, Susanne de Mellay, sœur dudit Gaucher. — 1546. Guillaume-Jehan Hurbonde. — 4 janvier 1548. Baptême de Catherine, fille de François Sevin. Parrain, Geoffroi Sevin. — 29 janvier 1549. Baptême de Michelle Chauvin. Parrain, Michel Le Boucher, seigneur de Fontaines, en Assé-le-B.; marraines, Michelle, femme de mess. Joachim Le Boucher... — 10 juillet 1550. Baptême de Thierry, fils de Mᵉ Joachim Le Boucher et de Michelle, sa femme. Parrains, mess. Thierry Regnault, bailli de Fresnay, et mess. Jehan de Longles ; marraine, Marie, veuve de Lancelot Le Boucher. — 1551. Baptême de Jacquine Ferrand, par Mᵉ Pierre Bellemote, curé de Fresnay. Parrain, Mᵉ François Robiche, prêtre de céans ; marraines, Jacquine, fille de Mᵉ Jean Clément, sieur de Villepointe, et sa femme, fille de Mᵉ Jacques Tafforeau.

7 janvier 1556. Baptême de Michel, fils de Mathurin Vétillart et de Marguerite, sa femme. Parrains, François Chauvin et Michel Cochet ; marraine, Marie, femme de Joachim Dubrail. — 10 janvier 1556. Baptême de Louise Boutier. Parrain, Joachim Le Boucher ; marraines, Françoise, femme de Remy Drouet, et Louise, fille de François de Vaux, seigneur de Gesnes. — 29 janvier 1558. Baptême d'Antoinette, fille de Mᵉ Joachim Le Boucher et de Michelle Regnault. Parrain, Mᵉ Gilles Regnault, prêtre ; marraines, Jeanne, veuve de Julien de Saint-Hérins, sieur de Pommeray, et Marie Chaplain, femme de Mᵉ Pierre Picard. — 16 mai 1561. Baptême de Jeanne, fille de noble Mᵉ Julien Lechat. Parrain, noble Mᵉ François Bodet ; marraines, Antoinette, femme de René Laigneau, et Anne Regnault, femme de Mᵉ Jean Le Roy, licencié ès-lois, sieur du Tertre.

20 septembre 1563. Le successeur de Mᵉ Pierre Bellemote, curé de Fresnay, Mᵉ Nicolas Dango prit possession de l'église de

Notre-Dame de Fresnay, en présence de M° Denys Ferrand et de plusieurs autres. — 1572. Il est question du petit cimetière et du cimetière hors la ville. — « Le 1er octobre 1572 fut baptisé Remy, fils de François Robin et Jacquine Drouet, sa femme, et furent ses parrains René Laigneau, de La Vasellère, et Remy Drouet, et sa marraine, Michelle Regnault, femme du seigneur de La Rosnerie, en l'église de Fresnay, par M° Loys Vétillard. »

« Le samedi 25 octobre 1572 mourut M. de Mollay (Gaucher), sieur de Cerisay, au lieu de La Bussonnière près Beaumont, au retour du Mans, où il estoit allé faire profession de foy suivant les ordonnances. »

« Le dernier jour d'octobre 1572, mourut maistre Johan Le Roy, bailli de Fresnay, en la ville du Mans où il estoit allé abjurer la religion huguenotague, et mourut de mort subite. » Assurément, l'abjuration des dissidents de la foi catholique ne portait pas bonheur. Les sectaires ne pouvaient leur pardonner et ils voulaient effrayer ceux qui auraient été tentés de rentrer dans le sein de l'église.

« Novembre 1572. Le second jour, ung jubilé où tous les huguenots et huguenotes de ceste ville, après avoir abjuré et faict profession de foy, retournèrent au giron de l'église et reçurent le *Corpus Domini* avec les autres catholiques. »

1572. Martin Leyrard; Sebastien Maignée; Gilles Vadejoye. — « Le samedi tierce jour de janvier 1573, le sieur de Pommeray (de Saint-Hérins) print possession de l'estat de bailli en ceste ville de Fresnay, et furent leues ses lettres de provision en jugement. » — « Le sixième jour dudict moys quel estoit le jour des Roys, ledict Pommeray fist son banquet honorable à tous ces messieurs de ceste ville. »

18 avril 1573. Apparaît le premier mariage mentionné sur les registres, celui de Jean Bonvoust. — 4 mai 1573. Baptême par M° Louis Vétillart, prêtre, d'Isaac, fils de Thomas Richer, sieur de La Saulsaye. Parrains, Guillaume, sieur de La Buchaye, et René, sieur de La Brisolière; marraine, Elisabeth Denyau, femme du sieur de Pommeray, bailli de cette ville. (Elisabeth Denyau était veuve en 1586; elle était fille de François Denyau, sieur de Gesnes, et de Marie de Beaugé, et avait pour beaux-frères noble Johan de Chervy, sieur de La Pommeraie, bailli de Fresnay, et M° Thierry Le Boucher, sieur de La Rosnerie, conseiller du Roi et lieutenant général du siège de Fresnay.) —

9 novembre 1577. Baptême d'Anne, fille de François Richardière. Parrain, noble Jean de Chervy, bailli de Fresnay ; marraines, demoiselle Anne de Sevin, femme du sieur de Saint-Aubin, et demoiselle de Moré, fille de M. Duval, de Saint-Christophe-du-Jambet.

« Le sixième jour de mars 1578, fut le combat de Courtremblay et Vauvert, près Vivoing, contre Monceaux, et un nommé le capitaine La Magdaleine, où lesdits Courtremblay et Vauvert furent tués. » — « Ledict jour mourut de sa belle mort le sieur de Bréjust dudict Vivîng. » — 1508. Tristan Lermite ; — « Mᵉ Etienne Bouttier qui venoit de Séez prendre l'ordre de prêtrise, étoit curé de Coulombiers. » — Août 1578. Baptême de l'enfant de Torticollis, meunier de La Cousture.

Lacune de 1579 à 1586. A la marge du 2ᵉ *cahier* commençant à 1586, se trouve cette note : « L'an 1572, le vingt-quatrième jour d'aoust, nopces du roy de Navarre, à présent notre roy, furent, lors de la feste de la Sainte-Bartholomi, faictes par le roy Charles IX. » — « Papier du baptistère de N.-D. de Fresnay, commencé au temps de Mᵉ Nicolas Dango, doyen et curé de Fresnay, commencé en 1586, combien qu'il fust pourveu du bénéfice et curé dud. Fresnay, commencé en 1586, combien qu'il fust pourveu du bénéfice et curé dud. Fresnay, dès l'an 1563. » — « Le présent papier des baptisés a esté paraphé par Mᵉ Michel Derognées, prêtre, aumosnier de Mgʳ le prince de Condé, et curé dudict Fresnay après le trespas dud. Dango, qui fut le 28 du moys d'aoust 1597, Thomas Lanoë, prêtre, estant vicaire dudict de Reynées, audict Fresnay, commençant le 27 septembre 1597. »

5 mai 1586. Baptême par Mᵉ Nicolas Dango, curé, de Charles, fils de noble Jean de Chervy, bailli et d'Elisabeth Denyau. Parrains, noble Charles de Courtarvel, chevalier de l'Ordre du Roi, seigneur de Pezé, et Jean Lepelletier, président du Présidial au Mans (oncle de l'enfant, et époux de Jeanne Denyau, sœur d'Elisabeth Denyau) ; marraine, demoiselle Hélène, femme de noble Antoine de Boysyvon, seigneur de Saint-Aubin-de-Locquenay.

Il n'y a presque rien pour les années 1587, 1588 et 1589. Les cahiers manquent, ce qui ne doit pas surprendre pour ces années de troubles.

1590. « Le tierce jour de mars fut baptisé Ambroise, fils du sieur de Fyé (René de Saint-Remy) et de damoyselle..., sa femme, et furent ses parains le noble sieur de Douillet et de

Lorière et damoyselle... du sieur de Corbon. Fut présent avec moy bailly de Fresnay, soubssigné J. de Chervy. » — 10 mars 1591. Baptême d'Antoinette, fille d'honorable homme Me Thierry Le Roy, lieutenant du prevôt des maréchaux. Parrain, Johan de Chervy, bailli; marraine, Guillelmine, femme du sieur de La Motte. — 13 mai 1590. Baptême de René de Chervy. Parrain, noble René des Loges, sieur des Clairais, le sieur de Montraversier; marraine, « la fille aînée de Mademoiselle de Saint-Aubin. »

5 février 1591. Baptême de René, fils de Me Bourgerie, parrains, honorable homme Julien Drouet, seigneur d'Aubigné, (en Assé-le-Boisne) et René Vayer. — 17 novembre 1591. Baptême de Louise, fille de Me Thibault Chauvin, procureur du Roi en cette ville. Parrain, noble... sieur de Sougé; marraines, Louise, femme de Jean Bonvoust, sieur de la Mystrie, et Louise, femme de Marynière autrement François Drouet. — 7 août 1592. Baptême de Michelle, fille du sieur du Plessis autrement Malesais. Parrain, Michel Picot, sieur de Grandchamp; marraines, la femme du sieur Vétillard et celle de Pierre Jouin. — « Le mardi, douzième jour de janvier 1593, fut baptisé Guy, fils de Symon Dubreil, et furent ses parrains Robert Féron, sieur de Prez (en Assé), et Guy, fils du sieur du Plessis-Breton, escolier, demeurant avec Me Hubert, et sa marraine, la fille de Thibault Jouyn. »

« Le mercredi 13 (janvier 1593), ceste ville faillit a estre prise par escalade des Ligueurs, une heure devant jour, qui faisoit une grande bruée où y avoit des Espaignols. »

1er février 1593. Baptême de Robert, fils de Me Michel Vétillard. Parrains, Robert Féron, seigneur de Prez, et François Chesnay; marraine, la femme du sieur de Chassé. — 27 février 1593. Inhumation, dans l'église de Fresnay, d'une demoiselle de la maison du sieur de Bernay et sieur d'Assé (le sieur de Bordigné, sieur de Bernay, possédait le Molland, en Assé, du chef de sa femme, Antoinette de Saint-Berthevin).

28 mars 1593. Baptême de Nicolas, fils de Me Hubert Bourgeois. Parrains, Guingalois, gentilhomme, de Saint-Germain, et Claude Barbes; marraine, Antoinette de Chervy. — 20 avril 1593. Baptême de Caucher, fils de Rigaudière. Parrains, Caucher, Picard et César Martin. « Et fut remis au giron de l'église en 1624, d'aultant qu'il avoit esté nory à la huguenote, fut converty par ung père Jésuite preschant l'octave. Iceluy père appelé Saint-Auler. »

5 février 1594. Baptême de Michelle, fille de Julien Drouet, seigneur d'Aubigné et d'Antoinette Le Boucher. Parrain, M⁰ Thierry Le Boucher, bailli de Sillé; marraines, Louise, femme de Brice Chesnay, sieur de Courfontaine, et Rachel de La Chapelle. — « Le vendredi 18 mars 1594, décéda madame de Champaignes, et fut ensépulturée en l'église. Elle a laissé par son testament le grand calice d'argent doré, à la charge de dire, tous les ans, une grande messe de *requiem*, au jour de son décès, à perpétuité, aux dépens de la fabrice. » — 1594. Julien Picard, fils du sieur de Bourdin. — « En ceste année 1594, *nota* que la vigile ou jour précédent de saint Urbain qui estoit au mardi, la gelée fut telle que les vignes de tout ce pays furent perdues et gelées, tellement que du vivant de personne on n'avoit veu tel degast tant aux susdites vignes qu'aux noyers, seigles et autres fruits de la terre. »

23 septembre 1594. Baptême d'Anne, fille de François Jouyn. Elle n'eut qu'une marraine « et cela se faict parce que par sentence donnée par M. l'Official du Mans, a esté dict qu'il n'y auroit plus au baptême qu'ung parrain et une marraine suyvant le concile provincial de Tours, ce qui nous est commandé observer. » Dans tous les baptêmes que nous avons vus précédemment, un fils avait deux parrains et une marraine, une fille n'avait qu'un parrain et deux marraines. Le concile provincial de Tours, 1583, mit fin à cet usage, comme le prouve la note citée.

7 décembre 1594. Baptême de Marie, fille de Michel Le Boucher, sieur de La Chapelle. Parrain, Pierre Le Boucher, curé de Saint-Ouen ; marraine, « madame la baillifve de cette ville. »

19 juin 1596. Baptême de Perrine Forest. Parrain, Julien Drouet, sieur d'Aubigné ; marraine, Perrine, femme du maître de forges de Moulnay (Monnaie), de Sougé. Ces forges ne tardèrent pas à disparaître, celles de La Gaudinière, à 1.500 mètres au-dessus, sur la Sarthe, furent créées vers 1530 et jouirent d'une grande prospérité. Depuis 1855, à Monnaie, un pont en pierre et à cinq arches rattache à Sougé le quartier de La Chapelle. Le 27 décembre 1596. « Le mesme jour audict an, les ponts aux mousniers de Paris tombèrent environ neuf heures du soir. » — 7 janvier 1597. Baptême de Marguerite, fille de M⁰ Thibault Chauvin, procureur. Parrain, noble Pierre de Courtarvel, sieur de Corbon ; marraine, demoiselle Corbin, épouse du sieur de Sougé.

« Le sixième jour dudict moys mars 1597, décéda M⁰ Donys Ferrand, prêtre, qui a donné à la confrarye de N.-D., desservie en l'église de ceste ville de Fresnaye, la somme de 5 livres pour ayder à avoir une chappe et des tuniques de damacs blanc et 4 escus à la fabrice de ceste ville, à la charge de faire prier Dieu pour son âme et de ses parents et amys trepassez. Plus, a donné à la dicte confrarye de N.-D., 4 livres de rente, à la charge que le procureur de ladicte confrarye sera tenu de faire dire chacun an, jour de son décès, en l'église dud. Fresnay, et vigilles solennelles et troys grandes messes et autres messes basses, doit pour faire ledict service distribution au curé dud. Fresnay 15 sols et aux assistants à chacun 5 sols, en oultre a donné à la confrarye des prestres, desservie en ce doyenné un pré sis à la Croix-Aline, à la charge de faire dire par le procureur de lad. confrarye un service de vigilles solennelles et troys messes, de donner aux assistans à chacun 5 sols, et pour le curé 15 sols. Le tout au contenu de son testament passé par Vétillard. »

1597. « Nota que ledict Thomas Lavollée, prestre fut receu pour estre sacristain en cette ville le 10 de ce moys (mars), en l'auditoire de ceste ville par les officiers et habitans de la ville, aux gaiges de dix escus à prendre sur la fabrice, à la charge d'acquitter la messe de Saint-Michel, faire sonner l'horloge et blanchir le linge de l'église, pour fournir le pain à chanter il y a troys boisseaux de froment que doibt André Milloys. » — 28 août 1597. Inhumation de M⁰ Nicolas Dange, prêtre, curé pendant 33 ans et doyen de Fresnay, âgé de 62 ans, par M⁰ Pierre Le Boucher, curé de Saint-Ouen-de-Mimbré. — « Le 27 septembre 1597, arriva en ceste ville de Fresnay, discret maître Michel de Reynée, preste, aumosnier de M. le prince de Condé, lequel print possession de ceste cure et bénéfice de Fresnay, et dict la grande messe le dimanche 28⁰ dud. moys ensuivant. »

Octobre 1597. « Le 5⁰ dudict moys audict an fut receu et envoyé de N.-S. Père ung jubilé en l'église de Fresnay. » — Octobre 1597. Odet de Saint-Denis, baron d'Hertré et de Fresnay, était fils de René de Saint-Denis, décédé en 1597.

4 novembre 1597. Monsieur de Mimbré épousa une des filles de Lavardin.

6 décembre 1597. Gilles Regnault, curé prieur de Saint-Aubin-de-L... — « Le lundy 15⁰ jour du moys de décembre 1597, le

siége royal fut establi en ceste ville de Fresnay par M. le président Gaultier et honorable homme Jehan de Chervy, sieur de Pommeray, installé et receu juge royal en ceste barronye, et Mᵉ Thibault Chauvin, procureur et conseiller du Roy, et Mᵉ Gaucher, Picard, lieutenant particulier en lad. barronnye, et ordonne que les avocats de ce siége porteront des robes et bonnets quarrés au parquet, et greffier Mᵉ Hubert Bourgeois. »

« Le 15ᵉ jour de janvier 1598, décéda Jean Garnier dict Lavougleur, sur les cinq heures du matin, lequel fut meurtry à coups de pied, le samedi 10ᵉ dudict moys, par Sebastian Paris, sa femme, soubs les halles dud. Fresnay, et fut ouvert ledict jour de son décès, au soir sur les 5 à 6 h. par Mᵉ Jehan Amiot, maître Macé, chirurgiens, en ma présence et de plusieurs, et fut trouvé gremi de tous les deux costés et les boyaux rompus et gangrenés en plusieurs endroits, à cause des coups de pied qu'il avoit receus, et fut enterré le vendredi de suivant. »

20 janvier 1598. Mariage de noble Jean Guillon, sieur de Mortrie ou Mytrie? fils ainé de noble Jean Guillon, sieur de Monthebert, demeurant au Mans, avec demoiselle Antoinette de Chervy, fille du bailli de Fresnay, par Mᵉ Pierre Le Boucher, curé de Saint-Ouen. — 1598. « Le dict jour de dimanche, 5ᵉ de juillet fut faicte procession générale dans ceste ville de Fresnay pour remercier, rendre grâce à Dieu de la paix qu'il avoit mise et envoyée en ceste France avec le roy d'Espaigne et aultres seigneurs étrangers, là où assistèrent vingt processions des paroisses circonvoisines de ceste ville et du doyenné, à laquelle procession y eut prédication faicte par M. Mymbré, pour lors principal du collège de Sillé, la ou aussy à vespres fut faict le feu de joye devant les halles dudict Fresnay et chanté le *Te Deum* en musique par M. Bourgeois, musicien et greffier dudict Fresnay. »

3 septembre 1598. Inhumation, dans l'église, de Jehan de Bonvoust, sieur de La Mortrie. Son testament renfermait certains legs en faveur de la fabrique. — 5 oct. 1598. Baptême de Françoise Briffaut, de Saint-Germain-de-la-Coudre. Parrain, noble Jean de Vert, demeurant au Guéliand; marraine, Antoinette, femme du sieur de Grandchamp, demeurant à Fresnay. « Et ce faict pour raison et pour la crainte que ledict parrain avoit d'aller aud. Saint-Germain, parce qu'ils sont pestiférés dans ladicte paroisse, et par la permission du curé dud. Saint-Germain qui m'a prié de ne différer à baptiser led. enfant. » —

9 janvier 1599. Mariage de M⁰ Pierre Le Vayer, conseiller du Roi, élu en l'élection du Maine, de la paroisse de Saint-Pierre-Lenterré, du Mans, avec demoiselle Marie Bonvoust, de cette ville.

« Le 20 juillet 1602, Michel Lescuyer, délégué par les habitants pour aller faire le voyage de Monsieur Saint-Sébastian, à cause de la contagion qui estoit esprise à Monstreul et Saint-Aulbin de Locquenay. Dieu nous en garde. » — « Le dimanche 4⁰ du moys d'aoust ensuivant, ledict Michel Lescuier, pelerin, ariva... et, à l'issue des vespres dudict jour alla à Saint-Ouen... » — 25 décembre 1602. Les eaux montèrent si rapidement que plusieurs personnes furent noyées dans leurs maisons.

« 1602. La taille imposée sur le Maine estoit de 67,998 escus, 19 sous 9 deniers, et Fresnay pour estoit taxé à sept vingt cinq escus. » — « La taille de l'année 1603 se montoit à 420 livres et le taillon à 89 livres 15 sous. La taille de l'année 1604 se montoit à 420 livres et le taillon à 87 livres 10 sous. »

29 juillet 1603. « Fut fondue la seconde cloche de cette ville par M⁰ Depay, de Lorraine, laquelle pèse 1,603 livres, qui fut benîste par M⁰ Thomas Lavollé, prêtre, vicaire, le 30 juin et montée dans la tour. Fut parrain Michel Picot, sieur de Grandchamps, la marraine Loyse de Chervy, fille de M. le bailly qui la nomma Loyse. » — 1603. « Nota que les vins ont été fort bons et en grande quantité, et le vin d'Orléans valloit 7 sous 6 den. le pot. »

30 janvier 1604. Baptême de Françoise, fille de M⁰ Claude Barré, chirurgien. Parrain, honnête homme Simon Huron, sergent royal à Fresnay, fermier et concierge du gouverneur du château de cette ville. — 1605. Parrain, Michel Poyvet, sieur du Val ; marraine, Rachel Ferrand, femme du sieur de La Chapelle. — 1605. Jean Drouet, vicaire de Fresnay. — 19 février 1605. Baptême de Jean Trezain. Parrain, noble Jean... sieur des Carreaux ; marraine, Françoise Drouet, fille de Michel Drouet, sieur de La Frogerie. « Et furent les orgues sonnées durant le baptême de l'enfant et puis faicte grande chère au Lyon d'or, maison des père et mère de l'enfant. » Signé : Drouet, vicaire. — 6 avril 1606. Baptême de Loyse, fille de Georges Champdavesne, demourant au moulin de L'Espine, paroisse d'Assé-le-Boisne. Parrain, M⁰ René Gallot, avocat, à Fresnay. « Et pendant le baptistère furent délicatement et concordance sonnées les orgues, et après le baptistère on fut bien solennellement au Lyon d'or où assistèrent avec ledict Gallot les sieurs de La Morterie et plusieurs autres personnes. »

10 mars 1602. « Décéda M. de Courtoussaints, sieur de la Varie, de Douillet, et fut enterré le 12 dud. moys. »

« Le mardy 25 juin 1602, fut enterrée demoiselle Elisabeth de Chervy, laquel par testament passé par Vétillard, notaire, demourant au Mans, a légué au curé de ceste ville de Fresnay la somme de 25 sous de rente perpétuelle, à la charge de dire ou faire dire par led. curé ou vicaire le *Stabat mater dolorosa* la vigile de la my-aoust, sans autres charges. »

En septembre et les mois suivants de 1602, la contagion fit des victimes à Fresnay et dans les paroisses voisines. — 7 octobre 1602. Décès de Mᵉ Pierre Saillant, curé de Sougé, le jour suivant il fut inhumé en l'église dudit lieu, par Mᵉ Pierre Le Boucher, curé de Saint-Ouen, doyen de Fresnay. — « Le 27 septembre 1602 me fut raporté que la mère Duvivier fut enterrée dans la chapelle du chasteau dépendant du prieuré et un petit garçon qui moururent de la contagion, de laquelle maladie les paroisses voisines estoient infectées. »

« Le vendredy 24ᵉ janvier 1603 fut enterré ung enfant, âgé de 13 à 14 ans, qui demouroit à Villepainte, appelé Sorean, qui fut estranglé par ung loup qui, ledict jour et premièrement on avoit estranglé ung autre à Saint-Victeur et l'autre à Assé, et l'appeloit-on *la beste qui mange les gens.* »

25 janvier 1603. Inhumation, dans l'église de Fresnay, près de la grande porte, de Mᵉ Gilles Regnault, curé de Saint-Aubin-de-Locquenay, âgé de 84 ans, par Mᵉ Pierre Hemery, curé d'Assé. — 25 octobre 1605. Inhumation d'Etienne Lintas, « serviteur qui fut surprint par un gason de terre lequel tombit sur luy en faisant les jardrins du tripot de Mʳᵉ de Hartray. » (D'après Ducange, tripot est synonyme de jeu de paume.)

3ᵉ cahier. Au commencement on lit : « Papier baptismal des enfants baptisés sur les fonds de N.-D. de Fresnay, du temps de Mᵉ François Bouré, prêtre, curé dud. Fresnay, duquel il prit possession le jour S. Luc, 18 du mois d'octobre 1609. Et icelui natif de la paroisse de S. Martin de Cigné près Ambrières et Lassay. J'advertiray que j'ay trouvé ung brouillard ou feuillets volants sur lesquels j'ay trouvé quelques escripts des enfants baptisés auparavant ma possession, lesquels j'ay insérés en cè livre et ne scay qui en a baptisé la pluspart... Jesus Maria. »

20 janvier 1609. Inhumation, dans l'église, de Jean de Chervy, écuyer, conseiller du Roi, bailli de Fresnay, sieur de Pommeray,

par noble Claude Le Boue, prêtre, prieur de Saint-Aubin-de-Locquenay. — 1609. Mathurin Le Boucher, sieur de L'Echenay en Assé. — 18 octobre 1609. Prise de possession de la cure de Fresnay par Mᵉ François Bouré, prêtre, né à Saint-Martin-de-Cigné près d'Ambrières, appartenant à M. le comte de Tessé. Il eut pour vicaire Mᵉ Ambroise Marean, prêtre de Fresnay. — 17 janvier 1610. Baptême de Marie, fille d'Isaac Richer, sieur de La Saulsaie, bailli de Fresnay, successeur de Jean de Chervy, et de demoiselle Louise de Chervy. Parrain, Jean Guillon, le jeune; marraine, Antoinette de Chervy, dame de La Brisolière. — 1610. Mᵉ Claude Trezain, prêtre, sacriste. — 1610. Antoinette Espinay, femme de Michel Picot, sieur de Grandchamps.

27 novembre 1612. Marraine, Marie de Laulne, femme de Mᵉ Mathurin Le Boucher, sieur de l'Echenay, en Assé. — 10 décembre 1612. Baptême d'Antoinette, fille de Michel Dubrail (Dubreil), sieur des Graviers et de Rose Le Bouvier. Parrain, Christophe de La Varye, écuyer, sieur de Courtoussaints (en Douillet); marraine, demoiselle Renée de Boisyvon. — 1613. René de Chervy, écuyer, sieur de Pommeray, fils de Jean, décédé en 1609 (est bailli de Fresnay en 1614). — 1613. Apparaissent : Isaac Le Boucher, sieur de La Fontaine, conseiller du Roi, lieutenant général de Fresnay; Mᵉ Vincent Chauvin, sieur de Fontaines; Michel Sevin, sieur de La Rivière; Isaac Richer, sieur de La Saulsaie, bailli de Fresna   honnête François Delolée, sieur de Boisfichard; Michel Drouet, sieur de La Frogerie; Michel Dubrail, sieur des Graviers; François Picart, sieur de La Foucherie; honnête François Bruneau, sieur du Couldray, époux de Marie Le Boucher; Madeleine Foullard, dame de Villenne.

1614. Apparaissent : Mᵉ René Gallot, avocat; Gervais Seigneuré, sieur des Rochers; Daniel Dubrail, sieur de La Chaterie; Christophe Poyvet, sieur des Buttes; Michel Garnier, sergent royal; Gervais Moreau, libraire; Denis Provost, curé de Pontlieue, près Le Mans; Guillaume Levrard, sieur de La Bouscaudière, mari d'honnête Élisabeth Chauvin; honorable Rolland Trezain, contrôleur au grenier à sel de Fresnay. — 5 juillet 1614. Baptême de Pierre, fils de Mᵉ Pierre Veau, notaire royal, et de Marie Chauvin. Parrain, Antoine Chauvin, bailli d'Assé-le-Boisne; marraine, demoiselle Antoinette de de Chervy, dame de Mortrie. — 1615. Apparaissent : Macé Mesnard, sieur de La Potinière; Joachim Drouet, apothicaire; Michel Poyvet, sieur du Val; Mᵉ Julien Percheron; Étienne

Percheron, sieur des Rottes; Denis Delinthe; François Boistard, sieur de La Galbaudière; Jean Laumailler, curé de Coulombiers.

28 juin 1615. Baptême de Marie, fille de François Delelée, sieur de Boisfichard, et de Catherine Tacheau. Parrain Mᵉ Jullien Aulbert, avocat au siège présidial du Mans; marraine, dame Françoise Robin. — 1ᵉʳ août 1615. Baptême de Marie, fille de René Chervy, écuyer, sieur de Pommeray, juge royal et bailli de Fresnay, et de demoiselle Marie Le Boucher. Parrain, messire Gallois de Barat, chevalier du Roi, sieur de Chanceaulx; marraine, Antoinette de Chervy, dame de La Brisoullière. Signé : Bouré, curé.

1616. Jean Fanouillet, prêtre, curé de Saint-Germain-de-la-Coudre; Michel Huvé. — « 2 may 1616 fut baptisé François, fils de je ne scay qui, et fut trouvé à la porte de la chapelle de Monsieur Saint-Jehan. Son parrain, Mᵉ François Bouvier, prêtre, organiste à Fresnay; marraine, Jacquine Legaigneulx, par Mᵉ Ambroyse Marcau. » — 1616. Mathurin Le Boucher, sieur de l'Échenay, grenetier à Fresnay.

9 octobre 1616. Jean Guillon, sieur de Mortrie, fut inhumé dans l'église, sous le chandelier du crucifix. — 20 octobre 1616. Baptême de Lancelot de Chervy, né le 21 septembre, fils de René de Chervy, bailli de Fresnay. Parrain, Lancelot de Vassé, dit Grognet, chevalier, seigneur de Vassé; marraine, demoiselle Élisabeth Denyau, veuve de Jean de Chervy, grand'mère de l'enfant. — 12 mars 1617. Baptême d'Anne, fille d'honnête Michel Sevin, sieur de La Rivière, et d'Anne Pellier. Parrain, Mᵉ Jean Pellier, prêtre, docteur en théologie en la Sorbonne de Paris, curé de Saint-Melaine, à Laval; marraine, Marie Picot, dame de La Rivière. — 10 mai 1617. Baptême de Thibault, fils d'honorable Antoine Chauvin, seigneur du Soureau (en Assé-le-B...), bailli d'Assé, et de Marie Drouet. Parrain, Vincent Chauvin, sieur de Fontaines; marraine, Renée Paisant. — 1 août 1617. Inhumation devant l'autel de N.-D. de Pitié, de demoiselle Élisabeth Denyau, veuve de Johan de Chervy, écuyer, bailli, de Fresnay.

1617. Gilles de Jajolet; Jean Sevin, sieur des Landes; Claude Bourgeois, notaire royal, mari de Michelle Vadejoie; Pierre Bourgeois, avocat.

1618. Étienne Percheron, sieur des Rottes, épouse Michelle Le Boucher. — 1618. Jean Digeon, avocat à Beaumont, épouse

Renée Poyvet, fille du sieur du Val. — 7 novembre 1618. Baptême d'Antoinette de Chervy. Parrain, Jean Guillon, écuyer, sieur de Valbray (en Livet) ; marraine, Rachel Ferrand, dame de La Chapelle.

« Le 6 janvier 1620, environ sept heures du soir, fut tué et assassiné d'un coup d'arquebuse ou carabine, François Picart, vivant sieur de La Foucherie luy faisant de l'eau dans sa porte, et fut inhumé dans l'église de Fresnay, et fut l'assassinat faict par Thomas Paris, lequel fut exécuté par justice, sur une roue, au Mans. *Requiescant in pace.* » Signé : E. Bouré. — 14 février 1620. Baptême d'Antoine, fils de Me Antoine Chauvin, sieur du Sureau, bailli d'Assé-le-Boisne, et de Marie Drouet. Parrain, honnête Guillaume Drouet, sieur de La Maugrinière ; marraine, honorable Renée Blanchard, aïeule de l'enfant. — 1620. Marie Melland, fille du sieur de Trois-Chênes ; Jean Lecoq, dit Volontaire. — 1621. Parrain Me Joachim Le Boucher, le jeune, sieur de La Martinière, avocat, mari d'Anne Martin. — 28 avril 1621. « Ledit jour fut inhumée, dans l'église, devant l'autel de Saint-Michel, honorable Loyse Deschamps, vivante, dame de La Miotière, laquelle, par testament, donna quatre journaux de terre tout en ung tenant, situés près Jupilles, à la fabrice de Fresnay pour aider à entretenir les orgues, devant René Blavette, notaire. *Requiescat in pace.* »

« Le 4e jour de juin 1621, fut refondue la grosse cloche, à la diligence de François Bouré, prestre, curé de Fresnay, et procureur fabrical dudit lieu, fut par luy baptisée le dimanche 6e dud. moys, fut nommée Marie, par demoiselle Marie de Chervy, fille de René, écuyer, sieur de Pommeray, bailly et juge royal dudit Fresnay, et de damoiselle Marie Leboucher, son épouse, cousta cent livres envers le fondeur, à la charge de fournir touttes choses fortz de métal, duquel ledit fondeur debvoit fournir, au surplus le luy payant à douze sols la livre. Poyse ladite cloche deux mille six cent livres. » Signé : E. Bouré.

Mars 1622. Parrain, Brice Leboucher, diacre ; — Louis Sevin, sieur des Mézières. — « Le 4e jour de septembre 1622, fut reçu pour sacriste Me Claude Trezain, prêtre, cautionné par Laurent, son frère, auxquels ont esté baillés tous les ornements de l'église par inventaire passé par Blavette, notaire, le 3e d'oct. audit an 1622. » — Sept. 1622. Michel Hatton, lieutenant de Bonnétable. — « Le lendemain de saint Thomas, 22 déc. 1622, fut inhumé, dans l'église de Fresnay, dame Katharine Bouvet, laquelle donna le pré de la Lampe, à la charge que la fabrice sera tenue par chacune semaine faire dire et célébrer, au mardy, a toujoursmais une haulte messe de la Conception de N.-D., matines le jour de la Très-Sainte-Trinité, matines le jour de saint Pierre et saint Paul. Oultre ce jour de la Présentation de N.-D., matines, grande messe, premières et secondes vespres, finalement le jour de sainte Katharine, au retour de la procession devant l'autel N.-D. de Pitié, dire le verset *Sospitati* et les autres versets avec l'oraison de madame sainte Katharine, et pour le salaire du service cy-dessus, le curé et ses chappelains doibvent avoir 15 livres qui seront payées par le procureur fabrical dudit Fresnay et le reste de la rente du pré sera pour l'entretien de lad. lampe. *Requiescat in pace.* »

5 janvier 1623. Inhumation, dans l'église, de Michel Le Boucher, sieur de La Chapelle, lequel n'a testé. — « Le 7 janvier 1623 furent espousés François de Montesson, escuyer, sieur de Saint-Aubin (du Désert) et de Douillet, et Marguerite Sevin, de Fresnay, présent le frère dudit sieur, Loys et Thomas les Sevins, Me Claude Trezain, prêtre et plusieurs autres. » — 10 juillet 1623. Baptême de Jean, fils d'honorable Jean Sevin, sieur des Landes, grenetier au grenier à sel de Fresnay. Parrain, François de Montesson, sieur de Douillet. — 1623. Ambroise Marcau, prêtre, chapelain de Saint-Ladre. — 10 sept. 1623. Inhumation, dans l'église, près de la porte de la tour du clocher, de Michel Picot, sieur de Grandchamps. — 14 déc. 1623. Inhumation, devant l'autel de saint Mathurin, du corps de Me Jean Chaillou, prêtre, natif d'Averton. — 1623. Chereau, sieur des Moulins, demeurant à La Courbe. — 1624. Louis Pichereau épouse Marie Lemoine.

« Le 4 juing 1624 fut baptisé Michel, fils de Julien Tubœuf et de Sansonne Trezain, sa femme... par Me Claude de La Haye, prêtre, vicaire de Saint-Ouen-de-Mymbré, et par permission de moy, curé de Fresnay, soubgsigné, d'aultant que l'église dudit Saint-Ouen estoit polluée et déclarée telle par M. l'Official du Mans, et d'aultant que le sieur de Mymbré hérétique y avoit esté enterré, le dernier jour du moys de may audit an, et fut ledict sieur de Mymbré déterré du chanceau de lad. église, et transporté, par le commandement dud. Official, dans une petite chapelle annexée à lad. église, et icelle fut retranchée de lad. église, et la réconciliation d'icelle église faicte en ma présence par led. sieur Official, le 5e jour dudit présent moys 1624. » Signé : F. Bouré, curé.

1624. René Blavette, sieur des Vaulx, avocat à Fresnay. — « Le 13 de juing 1624 fut communié et absou de l'hérésie Caucher Mariette et fut converty à la foy catholique par ung père jésuite, nommé et appellé Saint-Julles, lequel prescha l'octave du Saint-Sacrement. *Sit nomen Domini benedictum in secula, amen.* » — 26 mars 1626. Baptême de François, fils de Michel Sevin, sieur de La Rivière, et d'Anne Pellier. Parrain, Mᵉ Pierre Amillon, prieur de Saint-Aubin, archidiacre de Laval. — Mars 1626. Baptême de Jacques, fils de Jean Sevin, sieur des Landes. Parrain, Jacques Aragon, curé de Spay et chanoine de Saint-Julien du Mans. — 1626. Macé Chesneau, marchand drapier. — 26 avril. Inhumation de Vincent Maréchal, sieur du Bourgneuf, lequel a fait par testament passé par Blavette, notaire royal, un legs de deux messes à perpétuité sur son lieu du Bourgneuf.

« Nota : que le vendredi 10 juillet 1626, les eaux furent si grandes, que les terres de La Costure furent plus demy couvertes ; les moulins engagés, beaucoup de chenevières gastées, et le lendemain, 11ᵉ dud. moys audit an 1626, le bled valoit quatre livres cinq sols ; le métail, ung sol moins quatre livres ; l'orge, ung escu le boisseau. » — « Ledit jour (13 juillet 1626), s'en alla M. de Gesvres, après avoir esté à la messe et après avoir reçu Mᵉ Mathurin, Tessier, prêtre administrateur de l'aumosnerie de Fresnay et avoir signé sa collation. » Signé : F. Bouré. — Août 1626. « La rivière fut tellement grande, tout le commencement dudit moys, que La Couture fut plus de demy couverte. » — 1626. Pierre Huvé, chirurgien. — 1627. Mollet dit Bassinière. — 1627. Pierre Le Boucher, sieur de Groigné ; Brice Le Boucher, curé de Coulombiers. — 29 juillet 1628 « fut inhumé honorable M. Hubert Bourgeois, en son temps maistre d'escole à Fresnay, bon chantre, bon musicien, bonne basse contre, enfin décédé étant avocat à Assé-le-Boisne, âgé de 72 ans. *Requiescat in pace.* »

5 novembre 1628. Baptême de Julien Goupil. Parrain, Mᵉ Jacques Sereau, prêtre, chapelain de la chapelle Sainte-Barbe, desservie en l'église de Fresnay. — 1628. Pierre Marié, curé de Saint-Georges-le-G. ; Marie Richer, fille du sieur de La Sauvagère, Madeleine Foulard, dame de Villeneuve ; Pierre Tricot, pauvre soldat, mourant à la Maison-Dieu. — 22 janvier 1629, Mariage de René de Pilois, écuyer, sieur de Montigné, et de demoiselle Usu. — 11 février 1629. Baptême de Pierre, fils d'honorable Jean Sevin, sieur des Landes, et d'Élisabeth Duval. Parrain, Pierre Lenoir, greffier, avocat à Alençon ; marraine, Marguerite Sevin, épouse du lieutenant de Beaumont. — 1629. Joachim Frontin, curé de Saint-Ouen-de-Mimbré ; noble Isaac Le Boucher, lieutenant de Fresnay. — 16 juin 1629. Mariage

d'honorable Abel Duval, sieur du Sortoir, et de Marguerite Trezain. Présents : M*** Claude de la Haie et François Bignon, prêtres...

26 mars 1630. Baptême de Pierre, fils d'honorable Jean Sevin, sieur des Landes, et d'honorable femme Élisabeth Duval. Parrain, messire Pierre de La Noue-Foulrand, commendeur du Guéliant; marraine, Marguerite Picot. — Juin 1630. « Depuis le moys d'aoust dernier, sont décédés quarante-six enfans, morts et décédés de verete. » Signé : F. Bouré.

« Le 28 janvier 1631, sur les 10 heures, fut assassiné François Du Jort, escuyer, sieur de Genteville, commis au grenier à sel de Fresnay, et fut faict ledit assassinat au carrefour près du logis du sieur bailli dudit Fresnay, et mourut tout subitement d'un coup de pistolet, on luy trouva le cœur fendu en deux. » — 7 mars 1631 « fut inhumée honorable damoyselle Antoinette de Chervy, vivante mère des pauvres de Notre-Seigneur Jésus-Christ, fort grande aumosnière et dame de La Brisoulière, laquelle donna la croix d'argent de l'église de Fresnay, donna aussi le tabernacle, lequel est sur le grand autel et dedans lequel repose le très Saint-Sacrement de l'autel ; a donné trente six livres au maistre d'escolle, assignées sur le logis de M° Joachim Drouet, sieur d'Aubigné, à la charge que ledit maitre d'escolle entretiendra et fera dire la messe du Saint-Sacrement tous les jours de jeudy jusques à vingt ans, desquelles trente six livres il y aura 18 livres pour l'entretien et fondation de lad. messe. » Signé : F. Boré. — 1631. Joachim Dubroil, prêtre; Julien Aubert, sieur de la Bellengerie, avocat, à Sillé.

30 mai 1633. Mariage de Claude Testu, écuyer, sieur des Jarries, conseiller du Roi, trésorier général de France au bureau de Tours, avec demoiselle Marie de Chervy, fille de René, écuyer, sieur de Pommeray, bailli.

1633. Orage. « Le 22° au soir, à 7 heures, le tonnerre tomba sur l'église de Fresnay, et rompit bien dans le clocher et même rompit le crucifix. Le 23° fut enterré Julien Garnier qui fut étouffé par la foudre au soir précédent. » — 1644. Robert de La Maignée, sieur de Saint-Denis, époux de Marie Le Boucher; Michel Besoigne, chirurgien. — 2 juin 1648. Baptême de Julien, fils de Jacques Mouton, notaire. — En 1652 François Bouré, curé cessa de signer; André Bouré lui succéda. — 10 mars 1653. Baptême de René, fils d'honorable Pierre Jajolet et d'honorable Élisabeth-Marguerite Levrard. Parrain, René de Jajolet, sieur de Courtoussaint; marraine, dame Louise Huvé; signé : Bouré.

— 22 juillet 1661. Baptême d'Élisabeth-Marguerite, fille de noble Charles de Melland, président, bailli, juge royal de Fresnay, et demoiselle Élisabeth Sevin. Parrain, noble Michel de Melland ; marraine, Marguerite Sevin, dame de Saint-Aubin (du Désert).

1662. René Cohon, curé de Douillet ; René de Moré, écuyer, sieur de Bresteau ; Louis de Forclugue, commis au grenier à sel de Fresnay. — 10 juin 1662. Baptême de Jean, fils de Jean de Chervy, écuyer, et de demoiselle Bonne de Bonvoust. Parrain, René de Chervy, sieur de Pommeray. — 5 oct. 1663. Baptême d'Alexandre, fils de Jacques Mouton. Parrain, François Guillon, écuyer, sieur de Valbray, et trésorier à Tours. — 1664. Louis-Charles de Moré, sieur de Chanteloup ; Louis Vétillard, fils de Robert et de Marie Sallé ; Julien Levrard, sieur du Rochelet ; Guillaume Levrard, sieur de Ranco. — 1667. Marguerit Perchappe, prêtre, curé de Saint-Aubin-de-Loc. ; Jean Cadieu, curé de Saint-Mars ; Joachim Barbin, prêtre, à Fresnay ; Mᵉ André Bouré, curé de N.-D. de Fresnay. A cette époque les signatures se multiplient et ne manquent pas d'élégance.

23 février 1669. Baptême de Joseph, fils de Charles de Melland, écuyer, président, bailli, et d'Élisabeth Sevin. Parrain, Thomas Sevin, sieur de Hauterive, bachelier en théologie, curé de Bethon, doyen rural de Fresnay. — Mᵉ Pierre Bouré, curé de Fresnay, apparaît en 1670, son prédécesseur, André Bouré fut inhumé dans l'église de Fresnay, le 25 août 1672, par Mathieu Morice, curé de Moitron. Signé : Pierre Bouré, curé, J. Bardin. — 3 janvier 1673. Baptême de Marie-Jeanne, fille de Denis de La Mare, sieur des Jardins, et de Renée Renjar. Parrain, Jean-François de Guillon, écuyer, sieur de Valbray ; marraine, Marie de Jajolet. Signé : Guillon de Valbray, M. de Jajolet.

12 février 1673. Mariage de Jacques, fils de Louis Houdebert et de Catherine Maygreville, de la paroisse d'Assé-le-Béranger, avec demoiselle Anne de La Maignée, fille de défunt Robert et de demoiselle Le Boucher, de Fresnay. — 3 juin 1673. Baptême de Françoise-Renée, fille de Jacques Larcher, sieur de La Brie, et de Julienne Trezain. Parrain, Mᵉ Pierre Bouré, prêtre, curé de Fresnay. — 15 juin 1673. Baptême de Jean, fils de Jacques Le Boucher, sieur de Groigné, et de Suzanne de Mellay. Parrain, Mᵉ Jean Lebedel, procureur de M. le Marquis de Courcerriers, conseiller du Roi, en son conseil de Paris ; marraine, Élisabeth Le Boucher, procuratrice de Madame d'Assé-Monfaucon. — 2 août 1673. Baptême de Claude-Jacques, fils de Jacques Pavet,

notaire, et de Marie Ricordeau. Parrain, Claude Boclard, sieur de La Cressonnière, demourant au Mans ; marraine, Élisabeth Sevin, femme de M. le bailli de Fresnay. — 1674. Alexandre de Bordeloy, procureur du Roi au siége de Fresnay ; Pierre Dubreil, conseiller du Roi, et contrôleur au grenier à sel de Fresnay ; Jean Semelet, avocat.

30 juillet 1677. « A été bénite par nous curé (P. Bouré), sous-signé, la grosse cloche de cette église, fondue par les sieurs Boyer, de La Saulée, et Duclos, fondeurs. Parrain, M. de Lavardin ; marraine, Marguerite Huvé, fille du sieur des Pontis. » Signé : Bouré. — 27 novembre 1677. Baptême de Jacquine-Madeleine Courtangis. Parrain, Jacques Maudet, écuyer, sieur du Verger, maréchal général des logis et camps et armées du Roi, seigneur de Saint-Aubin-de-Locquenay ; marraine, demoiselle Madeleine-Élisabeth Picart, fille de M. le lieutenant-général de cette ville. Signé : Maudet-Duverger, M. Picart, Courtangis, Bouré, curé. — 1678. Michel Lefebvre, prieur de Morlaix. — 6 juin 1678. Jacques Cabour, prêtre, sacriste, remplit les fonctions curiales, au lieu et place de Me Pierre Bouré, prêtre, curé de cette ville, par ordre de Mgr l'évêque.

3 novembre 1678. Baptême de Françoise, fille de M. Pierre Ouvrard, commis au grenier à sel de cette ville, et de Marie Joubert. Parrain, François Le Feron, prêtre, doyen du chapitre de Sillé et prieur de Lespinay-sur-Loir ; marraine, demoiselle Marie Gayet, de Sillé. — 1er décembre 1678. Décès de dame Renée Chesnay, sœur de la confrérie de la Charité. — 6 janvier 1679. Baptême de René, fils de René Despierres et de Jeanne Renault. Parrain, Me Nicolas de Cardot, écuyer ; marraine, Renée Le Silleur de Sougé. — 4 décembre 1679. « Nous, Jean Sibert, curé de Saint-Ouen-de-Mimbré et doyen de Fresnay, certifions à tous qu'il appartiendra avoir ce jourd'hui reçu, dans l'église de Fresnay, l'abjuration de l'hérésie de la religion prétendue réformée, d'Abraham Drouin, dict le Messin, armurier, demourant audict lieu, en présence d'Abraham Drouin, maistre arquebusier à Angers, fils dudict adjurant, Mes Jean Picot, Michel Lefebvre, Jacques Cabour, Jean Besongne, tous prêtres dud. Fresnay. »

30 septembre 1680. Baptême de Jean, fils de Jacques Sallier, chirurgien, en cette ville. Parrain, Me Jean Haton, sieur de La Goupillière, médecin, en cette ville ; marraine, Marguerite Levrard, fille du sieur de La Boutellerie. — 28 sept. 1680. Décès de Jacquine Jardin, femme de Jean Godemer, notaire. —

1681. Baptême de Louise, fille de Pierre Tavernier, sieur de Boulogne, commis au grenier à sel de Fresnay, et de Catherine Duval. Parrain, mess. Jacques Duval, écuyer, sieur de La Remondière ; marraine, Louise Aubry, femme de M° Guillaume, sieur de La Jugerie, directeur général des Gabelles de la généralité d'Alençon. — 25 août 1681. Abjuration de l'hérésie par Élisabeth Clément, entre les mains de M° Jean Sibert, doyen de Fresnay, curé de Saint-Ouen-de-Mimbré. — 28 août 1681. Mariage de Julien Levrard, sieur du Rochelet et de Catherine Delolée. — 26 avril 1682. Inhumation, dans l'église, de messire Robert de Jort, sieur de Genteville.

25 avril 1683. Baptême de Jeanne, fille de M° Pierre Tavernier, sieur de Boulongne, commis au grenier à sel de Fresnay. Parrain, Philippe-Jean Guestre de Preval, prêtre, bachelier en théologie, abbé commendataire de l'abbaye N.-D. de Persoigne ; marraine, demoiselle Jeanne-Françoise Gouin, femme de Jacques de Gravé, écuyer, sieur de Launay. Signé : Guestre de Préval, abbé de Perseigne, J.-F. Gouin, Picot, Tavernier, de Launay Gravé. — 9 juillet 1683. Bénédiction de la grosse cloche, par M° Jean Sibert, doyen de Fresnay, curé de Saint-Ouen-de-Mimbré. Elle fut nommée Marguerite par M° Jean Picot, prêtre de céans, et Marguerite Sevin, veuve de Montesson. » — 1684. Pierre Poyvet est nommé curé de Fresnay vers le mois de juillet. M° Cabour avait exercé l'interim pendant trois ou quatre ans. — 19 déc. 1684. Baptême de Jeanne-Marie, fille de M° Jean Semelet, avocat, et de damoiselle Jeanne de Jort. Parrain, M° François Guillon, écuyer, sieur de Valpray ; marraine, dame Marguerite Fournier, épouse de mess. Jacques Le Silleur, seigneur de Sougé.

26 février 1685. « A esté enterré, dans la chapelle de Saint-Joseph, au grand cimetière, par M° Sibert, curé de Saint-Ouen, doyen rural de Fresnay, le corps de Marguerite Sevin, bienfaitrice de l'église et mère des pauvres de cette ville, veuve de feu mess. François de Montesson, écuyer, sieur de Saint-Aubin (du Désert) ; laquelle est décédée le 24 du présent moys, âgée de 85 ans. » Signé : Poyvet. — 28 février 1685. Baptême de Guillaume Rolland Levrard, fille de Guillaume, sieur de Rance, et de Madeleine Cormaille. Parrain, Rolland Delolée, apothicaire ; marraine, demoiselle Catherine Duval, femme de M° de Boullogne. — 1685. Jean Gallois, boulanger, Pierre Veau, huissier audiencier ; François Bellard, chirurgien. — 26 octobre 1685. « En présence de nous Pierre Poyvet, prêtre, curé de Fresnay

et des témoins cy-après soussignés, Marie Drouin, femme d'Abraham Quetteville, demeurant aud. Fresnay, a abjuré la religion prétendue réformée dont elle faisoit cy devant profession, pour embrasser la religion catholique, apostolique et romaine dans laquelle elle promet de se faire instruire et d'y vivre et mourir, en foy de quoy elle a signé... » Signé : Marie Drouin, Picot, prêtre, Cabour, prêtre, P. Poyvet, curé, Bruneau, Picard, Coudorge, J. Levrard, Duboys, Perrochel, Roland Deleléo, Godemer... — 25 novembre 1685. Baptême de Françoise Bonne, fille de Julien Ricordeau, sieur de Lépine, et de Jeanne Delinthe. Parrain, François de Briqueville; marraine, dame Bonne-Gabrielle-Marguerite de Chervy, comtesse de La Luzerne.

27 déc. 1685. « Aujourd'huy, par devant nous Pierre Poyvet, prêtre, curé... sont comparus demoiselle Judith Arnoul, épouse de M⁰ Abraham Picart, sieur de Lescotay, avocat, à Fresnay, Jacques Abraham, Samuel et Elisabeth-Judith Picart, leurs enfants, lesquels en présence dud. sieur de Lescotay et des témoins, cy après nommés, ont déclaré abjurer l'hérésie de Calvin, dans laquelle ils ont vécu jusqu'à présent, pour embrasser la religion catholique, apostolique et romaine, en laquelle les ayant instruits, ils en ont fait profession suivant la formule du saint concile de Trente, d'y vivre et mourir, ce qu'ils ont juré sur les saints évangiles, après quoy nous leur avons donné l'absolution, suivant la commission à nous adressée par Mgr l'évêque... en présence de M⁰ Julien Picard, conseiller du Roi, lieutenant-général au bailliage de Fresnay, de M⁰ François Menard, sieur de La Potinière, avocat, demeurant au Mans... »

1686. Baptême de Pierre-Gabriel de Villebois, fils de Gabriel, conseiller du Roi, écuyer, trésorier de France au bureau d'Alençon. Marraine, Madeleine Duval, veuve de Louis de Cordouan, chevalier, seigneur de Moire.

15 mars 1686. Baptême de Renée-Françoise, fille de Georges Hatton, huissier, à Fresnay, et de Renée Garnier. Parrain, Pierre Veau, huissier audiencier. — 3 nov. 1686. Mariage de messire Abraham Lebarbier, écuyer, sieur de Vaucelle, âgé de 55 ans, de Neufchâtel, avec demoiselle Marie Picard, âgée de 35 ans. — 14 février 1687. Baptême de Jeanne-Gabrielle, fille de Pierre Guillard, sieur de Boisvincent, *hoste du Lion d'or*, en cette ville. Parrain Jean-François de Briqueville, comte de La Luzerne, le jeune, représenté par Gabriel de Briqueville, son oncle; marraine, dame Bonne de Chervy, comtesse de La Luzerne. — 1688. Jacques Lebouleur, huissier à Fresnay; Pierre Dubrell,

curé de Saint-Léonard-des-Bois; René Mouton, notaire, mari de Louise Deslandes.

16 avril 1696. Mariage de Jacques Besnard et de Catherine Berard, en présence de messire de Cordouan, chevalier, seigneur de Mimbré, de dame Marie Du Belineau, épouse de René Guillon, écuyer, sieur des Hayes, conseiller du Roi, trésorier de France à Tours, de François Guillon, écuyer, sieur de Mortrie, et de demoiselle Jeanne de Jort, femme de M° Jean Semelet, conseiller du Roi, maire perpétuel de cette ville. — 8 octobre 1696. Décès de Renée, fille de M. d'Arlanges, gentilhomme du Perche. — 16 février 1698. Inhum... ou de dame Élisabeth Sevin, veuve de M° de Chervy, bailli.

12 novembre 1699. Mariage de Gabriel Delelée, sieur du Parc, avocat, à Fresnay, fils de feu Joachim Delelée, conseiller du Roi, grenetier au grenier à sel, et de demoiselle Gabrielle Levrard, avec demoiselle Anne Le Boucher, fille de feu François Le Boucher, avocat.

1701. M° Pierre Cormaille, docteur en médecine; M° de La Richardière, prêtre. — « L'an de grâce 1710, le 17 août, à 4 heures du matin, est décédé M° Pierre Poyvet, prêtre, curé de cette ville, à l'âge de 52 ans, et le soir du même jour a été inhumé dans notre église, devant le crucifix, du côté de la petite porte, par M° Henry Delelée, prêtre curé de Saint-Aubin-de-Locq. » Signé : J. Cabour.

26 septembre 1710. M° Jacques Drouet, prêtre, maître ès arts de l'université d'Angers, demeurant au Ribay, pourvu de la cure de la ville et paroisse de Fresnay, suivant la collation et provision de l'évêque du Mans, en date du 4 présent mois, prend possession de son bénéfice. — 2 décembre 1710. Inhumation de Michel Lefebvre, prêtre de Fresnay, âgé de 53 ans, sieur de la Germenerie, frère d'Urbain Lefebvre, juge général civil et criminel enquêteur et examinateur dans les causes au siège royal de Fresnay, dans l'église proche l'autel de Sainte-Marguerite. Pendant toute sa vie il a vécu exemplairement et a donné des marques à l'extérieur des vertus, dont il était rempli. Signé : de La Richardière, prêtre. — 1710. De La Maignée de Launay, prêtre habitué à Fresnay. — 15 septembre 1712. Mariage par Julien Picart, prêtre, de M° Jacques de Fontaines, sieur de la Barborie, licencié en droit, fils de Guillaume, écuyer et de Catherine Laudier, de Semalé, en Normandie, avec demoiselle Lefebvre Élisabeth, fille d'Urbain, bailli de Fresnay, et de Madeleine Élis. Picart.

11° Cahier de 380 feuillets, 1718 à 1736. — En 1719, il est fait mention du grand et du petit cimetière. — 20 août 1719. Baptême de Jacques, fils de Jacques Desartre, fermier de la terre de Beauregard, et de Françoise Soreau. Signé : J. Desartre, Pavet, prêtre. — 22 août 1719. Baptême d'Henriette-Marguerite, fille de Henri Levrard, écuyer, sieur de La Mauguinière, garde du corps du Roi, et de dame Madeleine Forestier, son épouse. Parrain, Pierre Cormaille, conseiller du Roi et son procureur au grenier à sel de céans ; marraine, demoiselle Marg. Huvé, femme de Julien Levrard, conseiller du Roi, receveur des consignations au bailliage de Fresnay et bailli de la châtellenie d'Assé-le-Boisne. — 1720. Michel Roulland, maître tanneur, mari de Marie Gallais, de Fresnay ; Joachim Ricordeau, notaire de Foulagno (*voir* Lepaige 11. 2 art. Madré). — 21 janvier 1723. Baptême d'Élisabeth-Jacquine, fille de mess. Denis-François Salmatorys, écuyer, employé dans les fermes du Roi, et de demoiselle Françoise Yoirs, son épouse. Parrain, Jacques-Adrien de Chapreau, écuyer, sieur de La Bardière ; marraine, demoiselle Marie Semelet. — « 23 août 1723. La petite cloche de cette ville a été bénite par nous Jacques Drouet, curé, et nommée Jacques-Marie par messire Richard-Jacques de Fontaines, écuyer, seigneur de La Barberie, conseiller du Roi, bailli, juge criminel de Fresnay, et par demoiselle Marie-Catherine de Fontaines. » — 1724. Rolland de La Maignée, notaire à Fresnay ; Jacques Catecous, fermier de la terre de la Madeleine. — « Le vendredi 10 mars 1724, a été bénite la grosse cloche de cette ville, par nous Pierre Pavet, prêtre, vicaire, et a été nommée Renée-Bonne, par mess. Richard-Jacques de Fontaines, chevalier, seigneur de La Barberie, bailli, juge royal, civil et criminel au bailliage de Fresnay, et par dame Marie-Élisabeth Lefebvre, son épouse. Lesdits seigneur et dame, au nom et comme représentants de M. le comte de Tessé, maréchal de France, vicomte de Beaumont et de Fresnay, et de dame Bonne-Gabrielle de Chervy, veuve de mess. Henri de Briqueville, chevalier, comte de La Luzerne. »

« Le 15 avril 1726 a été inhumé, dans notre grand cimetière, le corps de M° Alexandre Huvé, prêtre, qui a été missionnaire des Missions étrangères, âgé de 58 ans, etc. » Signé : J. Drouet. — 11 octobre 1726. « Monseigneur l'Évêque a fait sa visite épiscopale du doyenné de Fresnay et convoqué les prêtres et habitants dudit Fresnay au château de Saint-Aubin-de-Locquenay, dans la chapelle duquel lieu il a administré le sacrement de confirmation. Les statuts de la vénérable confrérie du Très-Saint-Sacrement de l'autel, érigée dans l'église dudit Fresnay, lui ayant été représentés il en a confirmé l'approbation. » Signé : Pavet. — 2 décembre 1726. Inhumation par M⁰ Julien Lelièvre, curé de Saint-Ouen, de M⁰ Joachim Richardière, prêtre, habitué à Fresnay, âgé de 54 ans; — 9 janvier 1726. M⁰ Pierre Pavet, prêtre, ci-devant vicaire de cette ville, a pris possession en vertu de résignation en sa faveur faite par M⁰ Jacques Drouet ci-devant curé dudit lieu et présentement curé de Saint-Hilaire-le-Lierru (canton de Tuffé), de la cure de Fresnay, en présence d'un grand nombre de personnes. — 1729. M⁰ Charles Thébault, sieur de Monhaison, en Saint-Paul-le-G.., conseiller du Roi et son président au grenier à sel de Fresnay; Urbain Pavet, notaire à Saint-Ouen-de-Mimbré.

24 mai 1730. Mariage de M⁰ Clément de Launay, conseiller du Roi, ancien avocat au bailliage et vicomté d'Exme, demeurant à Argentan, avec demoiselle Marie Semelet, fille de Jean, avocat à Fresnay, et de Jeanne de Jort. — 1732. M⁰ François Lehault, curé de Piacé, décédé à Fresnay, à l'âge de 64 ans. — 15 novembre 1732. Inhumation de M⁰ Pierre Lemoine, ci-devant curé de Saint-Jean-sur-Erve, par M⁰ Nicolas Pelard, curé de Douillet, doyen rural, en présence de plusieurs curés, de M⁰ Ledoux, prêtre habitué de céans, de MM. de La Chaterie, Godemer...

18 août 1735. Mariage de Messire Christophe-Joseph de Jupilles, chevalier, seigneur de Bretignolles, fils de défunt Léonard de Jupilles, chevalier, seigneur dudit lieu, et de dame Marie de Montesson, avec demoiselle Marie Guimond, fille de M⁰ Jean Guimond, conseiller du Roi, lieutenant-général au siège du Bas-Vendômois, à Montoire, et de dame Florence du Breuel, demeurant en cette ville, en présence de dame Marie-Françoise de Jupilles de Ronnay, de dame Bonne-Angélique des Vaulx de Jupilles, sœur et belle-sœur de l'époux, de mess. Guillaume de Ronnay, son neveu, de mess. Thomas de Montesson, seigneur de Douillet, de dame Angélique-Marguerite de Chiffreville de Montesson, ses cousin et cousine, de M⁰ Jacques Le Moine, lieutenant-général au siège du Bas-Vendômois, à Montoire, curateur de l'épouse, de Joseph Levrard, sieur du Fougeray, avocat à Fresnay, Jean Semelet, avocat, etc.

1ᵉʳ juillet 1737. Inhumation, dans la chapelle de Saint-Joseph, dans le grand cimetière de cette ville, de M⁰ Jean Lefebvre, sieur de La Ferrière, prêtre, titulaire de la dite chapelle et de celle de Saint-Jacques, dans l'église de Moulins-le-Carbonnel, âgé de 74 ans, en présence de Mᵉˢ Salmon, curé de Saint-Aubin-de-Locquenay, Henri Delelée, Levrard, prêtres, Pavet, curé. —

12 juillet 1740. Mariage de Joseph Levrard, marchand, fils de défunt René et de Julienne Fresnais, avec Françoise Gallais, fils d'Urbain, marchand, et de Michelle Chapelain, en présence de Julien-Pierre Gallais, curé du Boullay, de Pierre Gallais, prêtre à Fresnay, leur oncle, de Henri Chapelain, curé de Sougé, de Jacques Chapelain, officier servant chez la Reine, de Henri Delelée, ancien curé de Saint-Aubin-de-Locq., cousin germain de l'époux, de Louis Hatton, prêtre, vicaire de céans, de Michel Delinthe, sacriste, etc.

2 déc. 1741. Mariage de François Aguillé, fermier de La Chapelle-des-Chardonnerets, en Sougé, avec Élisabeth Behier. — 23 avril 1745. Inhumation, dans la chapelle de N.-D. de Pitié, de Bonne-Gabrielle-Marguerite de Chervy, veuve du comte de La Luzerne, âgée de 83 ans, en présence de Louis Hatton, vicaire, et de Jean Cordier, prêtre, principal du collège de cette ville. — 7 février 1747. Mariage de Georges Hatton, notaire à Fresnay, fils de Joseph, greffier en chef au bailliage de Fresnay, et de demoiselle Renée Dureau, avec demoiselle Mathurine-Françoise Guitton, fille de François, greffier de la baronnie de Vernie, et de demoiselle Mathurine Belard, en présence de René et de Charles Hatton, frères de l'époux, de Marie-Renée et Marguerite Hatton, ses sœurs, de Louis Hatton, prêtre, vicaire de Fresnay, oncle ; de Thomas Dureau, curé de Moitron, son oncle ; de Bonaventure Belard, notaire à Pezé-le-Robert ; les de La Touche, Joseph Peralta, etc.

7 novembre 1752. Inhumation de Mᵉ Pierre-Antoine Pastourel de Florensac, âgé de 27 ans. — 24 janvier 1753. Prise de possession de la cure de Fresnay, par Robert-André Fossié, prêtre habitué, à la suite de la résignation faite en sa faveur par P. Pavet, le 3 novembre 1752. — 19 avril 1757. Inhumation de André Fossié, ancien garde du corps de S. M., âgé de 68 ans. — 30 juillet 1759. Baptême de Michel-Charles, fils de Michel-Pierre-Thomas Cormaille, sieur de La Rivière, marchand teinturier, et de Jeanne-Louise-Julienne de Valbray, parrain, Charles Cormaille, oncle ; marraine, Catherine-Julienne Ducoudray, tante au côté maternel. — 31 août 1759. Baptême de Marie-Joseph, fille de Joseph Cormaille, marchand tanneur, et de Perrine Levaux, Signé : Cormaille, N. Devaux, C. Julienne Ducoudray, et Julienne Duverger. — 24 février 1760. Baptême d'Alexandre-Léonor, fils légitime d'Étienne-Bon-François-Alexandre de Jupilles, chevalier, seigneur de Jupilles. Parrain, Louis Mohan, pauvre ; marraine, Marie Besnier, pauvre. Signé : Fossié, curé prieur

— 11 mars 1761. Inhumation d'Ambroise Berger, cabaretier, âgé de 55 ans, époux de Marie Fauvel. — 1760. Mariage de Jean Avencau, marchand tanneur, fils de M° François, avocat, et de Marguerite Pelisson, de Sainte-Suzanne, avec Louise Thibault. — 3 août 1761. Baptême de Pierre-François, fils de Pierre Coutré, journalier, et de Françoise Molière?

5 avril 1762. Inhumation, dans l'église au devant de la chapelle de la Vierge, de Richard Jacques de Fontaines, chevalier, seigneur de La Barberie, président bailli au siège royal de cette ville... âgé de 77 ans, en présence de Mes Pierre Thimont, curé de Sougé, Louis Durand, curé d'Assé, Pierre Lamoureux, curé de Moitron, Urbain Gallais, curé de Saint-Christophe, Louis Hiron, curé de Douillet, Jacques Tesson, curé de Saint-Victeur, Jacques Thomeret, curé de Gesnes, Robert-André Fossé, prieur curé de cette ville, André Beaudoin, ancien curé de Saint-Germain-de-Corbie, Jean Cordier, vicaire de cette ville, etc.

18 mai 1762. Baptême de Georges-Bonaventure-Joseph-Charles, fils de Georges Hatton, notaire à Fresnay, et de Françoise Guitton. — 2 octobre 1762. Baptême de Gabriel-Guillaume, fils de Guillaume-Gabriel Millois, notaire à Fresnay, et de Catherine Jullienne de Valbray, sa femme. Parrain, Jean Jullienne de Valbray, seigneur de Livet, oncle au côté maternel; marraine, Renée-Gabrielle Letoissier, veuve de Jean Millois, grand'mère au côté paternel. Signé : Millois, Jullienne de Valbray, Fossé. — 28 mai 1764. Inhumation de Nicolas Levavasseur de La Tour, âgé de 73 ans, conseiller du Roi et son procureur au siège de Fresnay.

24 septembre 1765. Mariage de M° Jean-Charles Lefebvre, sieur des Vaux, conseiller du Roi, receveur contrôleur des consignations du bailliage et siège royal de Fresnay, âgé de 43 ans, fils d'Urbain Lefebvre, sieur de Vauhollier, conseiller du Roi..., et de demoiselle Marie-Renée Robert, avec Louise-Élisabeth Dalleaume, demoiselle, fille, âgée de 33 ans, de messire Antoine Marquis-Dalleaume, chevalier, seigneur de La Coursure, Monpinçon, La Bourgeoisie, La Croix-Aline et autres lieux, et de dame Élisabeth Marguerite Boulard, de cette paroisse et de celle d'Assé-le-Boisne. Ledit époux assisté de sa mère, de M° Charles-Antoine Robert, avocat, conseiller du Roi, juge contrôleur au siège royal du grenier à sel de cette ville, son cousin germain maternel, de Françoise Godemer, fille, sa cousine du 2 au 3; de Louise Poivel, veuve Aubert, cousine du 2 au 4; Louise Fossé, fille, cousine du 3 au 4; ainsi que nous curé au côté maternel (Fossé). Ladite épouse, assistée de son père et de

sa mère, de messire Antoine Dalleaume, chevalier, seigneur de La Coursure, officier d'infanterie, son frère ; de J.-Baptiste Pavy, sieur du Fresne, et de dame Madeleine Dalleaume, son épouse, son beau-frère, et de M⁺ Georges Hatton, sieur de La Couture...

7 février 1767. Mariage de messire François-Augustin Carrey de Bellemare, chevalier et chevalier de Saint-Louis, capitaine au régiment de la Couronne, âgé de 45 ans, fils de Pierre-François Carrey de Bellemare, chevalier, seigneur de La Forêt, Possai, Radré, Toussans, etc., et de dame Marguerite Bondonnet de Parance, de la paroisse de La Couture du Mans, avec Angélique-Renée-Françoise de Jupilles, demoiselle, fille, âgée de 35 ans, issue de feu mess. Alexandre-Léonor de Jupilles, chevalier, seigneur de ce nom, d'Oisseau, Alonnes, le Champ à la Louve, etc., et de Bonne-Angélique Des Vaux de Levaré, dame de Jupilles, Oisseau, Alonnes, Vaux, Champéon, Boisbraux, Longne, Mézières et autres lieux, de cette paroisse. Ledit époux assisté de mess. Pierre-Guillaume-Nicolas de Carrey de Bellemare, chevalier, seigneur de La Forêt, Possai... ; de Guillaume-Jean Carrey de Bellemare, clerc tonsuré, prieur de Saint-Nicolas de Possai ; de mess. Jean-Antoine Carrey de Bellemare, chevalier de Saint-Louis, ses frères ; de mess. Guillaume-René-François Dubouchet, chevalier, seigneur de La Foresterie, cousin germain au côté paternel et cousin issu de germains de l'épouse au côté paternel. Ladite épouse assistée de sa mère, de dame Bonne-Josèphe-Léonor de Jupilles, dame de Jupilles, sa sœur. Signé : de Jupilles, F.-A. de Carrey de Bellemare, B.-A. Des Vaulx de Jupilles, Dubouchet, etc.

1768. L'office de bailli est vacant depuis le décès de M. de Fontaines, 1762. — **24 mai 1768.** Mariage de Louis-Jean-Daniel Moreau-Duboulay, docteur en médecine, âgé de 30 ans, issu de Louis Moreau, du Domaine, maître en chirurgie, et de Marie-Anne Aoustin, demeurant à Saint-Ouen-des-Toits, depuis un an à Fresnay, avec Louise-Françoise Fossé du Valoutin, âgée de 35 ans, sœur du curé de Fresnay, issue d'André-Jacques Fossé, vétéran garde du corps du Roi, et d'Élisabeth Poivet, en présence de Thomas Bucquet, conseiller du Roi, bailli au siège de Fresnay...

« Le 28 janvier 1769 a été baptisé par nous prieur-curé soussigné, Charles-Antoine, né de ce jour du légitime mariage de mess. Jean-Charles Lefebvre, sieur des Vaux, conseiller du Roi, receveur des consignations au siège royal de cette ville, et de dame Louise Élisabeth Dalleaume, demoiselle. Ont été parrain et marraine mess. Charles-Antoine Robert, conseiller du Roi, contrôleur au grenier à sel de cette ville, cousin germain au côté paternel, et dame Élisabeth Boulard, épouse de messire Antoine Marquis-Dalleaume, chevalier, seigneur de la Coursure, grand'mère du côté maternel... » — 1769. Baptême de Victoire, fille de Marin Bizet, aubergiste. Parrain, Thomas Bucquet, bailli de Fresnay ; marraine, Madeleine Dalleaume, épouse de J.-Baptiste Pavy, sieur du Fresne.

4 mai 1769. Baptême d'Augustin-Pierre-René Carrey de Bellemare, issu des précités. — 27 juillet 1769. Baptême de Pierre-Joseph Cormaille, fils de Joseph, sieur de La Rivière. — Mars 1769. Mº Couppel des Ponceaux signe, comme vicaire. — 2 août 1770. Baptême de Urbain-Jacques Lefebvre des Vaux, issu des précités. Parrain, Richard-Jacques-Philippe-Urbain-Marie de Fontaines, chevalier, seigneur de Saint-Victeur, La Barberie, les Champagnes... ; marraine, Madeleine Dalleaume, épouse du sieur Pavy, sieur du Fresne. Signé : J. Lefebvre des Vaux, Marquis-Dalleaume, J.-B. Pavy, Hatton La Gainière, M. Couppel des Ponceaux, vicaire, Fossié, curé. — 29 septembre 1770. Baptême de François-Joseph de Carrey de Bellemare, issu des précités. Parrain, Guillaume-Jean de Carrey de Bellemare, prieur de Saint-Nicolas de Possay et d'Arquenay ; marraine, dame Bonne-Josephe-Léonore-Thérèse de Jupilles.

24 octobre 1770. Mariage de mess. Gabriel-Joseph Delelée, conseiller du Roi, son avocat au siège royal de Beaumont, issu de Mº Gabriel-Henri Delelée, conseiller du Roi, lieutenant général civil et criminel de cette ville, et de dame Madeleine-Élisabeth Levrard de La Mauguinière, tous de cette ville, avec demoiselle Marie-Jacquine-Monique de Berçil, fille de feu Mº Pierre-Mathurin de Berçil, avocat, à Mamers, et de dame Monique-Françoise Truelle, de Beaumont-le-Vicomte.

17 février 1771. Décès de Michel Cormaille, bourgeois de Fresnay, âgé de 80 ans. — 1771. Michel Chantelou, maître boulanger. — 9 janvier 1772. Décès d'Alexandre Mouton, notaire, âgé de 60 ans. — 20 février 1772. Décès de Mº Joseph Hatton, greffier en chef au siège royal de Fresnay, âgé de 88 ans. — 28 avril 1772. Baptême d'Alexandre-André, issu de Mº Thomas-Alexandre Bucquet, conseiller du Roi, bailli, juge royal... et de dame Marie-Anne Balavoine de La Trullière. Parrain, Mº André-François Balavoine, sieur de La Trullière, bourgeois de la ville de Villaines, grand père au côté maternel ; marraine, dame Marie-Anne Beaudoin, grand mère au côté paternel.

28 juin 1772. Baptême d'Anne-Thérèze, issue du sieur Joachim Le Guicheux, marchand tanneur, originaire de Loupfougère, et de demoiselle Anne-Thérèze Bignon, originaire de Lassay. — 1er septembre 1772. Pierre-Jean Delaunay, tailleur d'habits, originaire de Saint-Paul de Paris. — 1772. M° Antoine-Joseph Hatton, curé de Sablé ; René-Julien Hatton de Loisillière, marchand ; François Hatton de La Gainière, chef d'échansonnerie du Roi ; Charles Hatton-Dugué, marchand ; Bonaventure Hatton, praticien. — « 7e jour de février 1773, a été baptisé par nous vicaire soussigné, Louis-Michel, né de ce jour, du légitime mariage de Me Jean-Charles Lefebvre, sieur des Vaux, conseiller du Roi..., et de dame L.-El. Dalleaume, originaire de la paroisse de Gesnes-le-G... » Signé : J. Lefebvre Desvaux, M. Couppel des Ponceaux, vic.

22 février 1773. Jean Berger, maréchal, épouse Renée Freslon. — 11 mai 1773. Jean-Jacques Rolland, marchand épicier, âgé de 20 ans, épouse Anne-Françoise Levrard, âgée de 21 ans, fille de Julien-Joachim Levrard, sieur de La Bussonnière, marchand de toiles, décédé le 18 mars 1776, à l'âge de 75 ans, et de feu Julienne Ripault, d'Assé-le-Boisne. — 8 février 1774. Mariage d'Ambroise Berger, marchand, âgé de 22 ans, issu d'Ambroise Berger, marchand, et de Marie Fauvel, avec Anne-Catherine Delinthe, âgée de 22 ans, issue de Jacques Delinthe, marchand. — 17 août 1775. Mariage de M° Ambroise-Charles Rousseau, praticien, âgé de 29 ans, fils d'Ambroise, bourgeois, et de Marguerite Percheron, avec Julie-Renée-Marguerite Thebault du Monhaison, âgée de 32 ans, issue de M° Charles-Urbain, sieur de Monhaison, conseiller du Roi, président au grenier à sel de Fresnay, en présence de Pierre Rousseau, frère de l'époux, de M° Amand-Fidèle-Constant Thebault de Monhaison, frère de l'épouse, curé de Saint-Georges-le-G...

29 janvier 1776. Baptême d'Alexandre-Thomas-Charles Mouton. — 7 mai 1776. Mariage de François Hatton, sieur de La Gainière, officier de la Reine, âgé de 50 ans, issu de Joseph Hatton, greffier en chef au siège de cette ville, et de dame Renée-Marie Dureau, avec Marie-Anne Delélée, âgée de 24 ans, issue de M° Gabriel-Henri Delélée, conseiller du Roi, lieutenant-général civil et criminel au siège de Fresnay (décédé à Fresnay le 29 janvier 1780), et de dame Madeleine-Élisabeth Levrard de La Mauguinière. Ledit époux assisté de sa mère, de Julien Hatton de La Couture, notaire royal de cette ville, et de dame Mathurine Guitton, son épouse ; René Hatton, sieur de Loisellière, et de dame Marie Salmon, son épouse ; Charles Hatton,

sieur du Gué, marchand; du sieur Jacques Vincent, marchand tanneur, et Marguerite Hatton, son épouse; de dame Renée Hatton, veuve du sieur Etienne-Jean Levavasseur, avocat à ce siège, etc., ses frères, sœurs et beaux-frères et belles-sœurs, etc. Ladite épouse assistée de son père et de sa mère, de Mᵉ Gabriel-Joseph Delélée, conseiller du Roi, lieutenant-général civil et criminel en la sénéchaussée et siège royal de Beaumont-le-Vicomte; de demoiselle Madeleine-Henriette Delélée, sa sœur du sieur Charles Jobbé de Lisle, bourgeois, et de dame Henriette Levrard de La Mauguinière, son épouse, ses oncle et tante; de demoiselle Henriette Pastourel de Florensac, sa cousine, etc.

11 janvier 1776. Mariage d'Emmanuel-Jacques Péan, licencié ès-lois, avocat à Fresnay, fils d'Emmanuel-Louis Péan, premier huissier audiencier à la sénéchaussée de Beaumont, et de demoiselle Anne Moinet, avec dame Catherine-Julienne de Valbray (décédée le 12 mai 1782, à l'âge de 41 ans), veuve de Guillaume-Gabriel Millois, procureur du Roi au siège de cette ville, après des sommations judiciaires. — 1776. Jacques-François Daguin, huissier à la Cour des Monnaies de Paris. — 5 avril 1777. Baptême d'Ambroise-Charles Rousseau, issu d'Ambroise-Charles, notaire royal à Saint-Georges de Dangeul, et de dame Julie-Marguerite-Renée Thebault, tous deux originaires de Fresnay, et épousés à Saint-Georges-le-G..., à cause du curé.

3 janvier 1778. Inhumation de Mᵉ Léonard de Monsalier, prêtre, âgé de 52 ans, en présence de Mᵉ Jean Cordier, prêtre, Mᵉ Mathurin Couppel des Ponceaux, vicaire, François Benard, prêtre, Antoine Dalleaume, clerc tonsuré. — 18 février 1778. Baptême de Jacques-René Berger, fils d'Ambroise-Barnabé Berger, marchand et d'Anne-Catherine Delinthe. — 2 mars 1778. Mariage de François-Joseph Breunier dit Brogny, âgé de 20 ans, né à Liège en Allemagne, paroisse de Saint-Nicolas sur Meuse, de Jean-François-Joseph Breunier dit Brogny, chirurgien dentiste, originaire de Valenciennes, et de Marie Girard, avec Anne-Marie Moineau. — 8 mai 1779. Baptême de Françoise-Gabrielle, issue du mariage du sieur Guillaume Millois de l'Étang, marchand-tanneur, et de Françoise Dutertre, originaire de Moitron, épousés dans l'église de Juillé. Parrain, Michel Dutertre des Égremonts, grand père. — 30 août 1779. Baptême de Jacques-Louis-Casimir Mouton, fils d'Alexandre-Charles, notaire à Fresnay, originaire de Beaumont, et de demoiselle Marie-Renée Le Seure, âgée de 30 ans, née à Pré-en-Pail, et épousés à Gesvres, 1774.

30 juillet 1780. Baptême de Jacques-Jean, fils de Mᵉ Jean

Hupier, avocat au siège royal de cette ville, né à Saint-Rémy-du-Plain, et de Julienne-Amaranthe Blanche, née à La Poôté. Parrain, M⁰ Jean Guilloreau, curé de Javron, grand oncle paternel; marraine, Marie-Madeleine Blanche. — 12 février 1781. Mariage de François Campeaux, sieur Desaint, âgé de 27 ans, marchand apothicaire, fils de feu François Campeaux, maître chirurgien, et de Marie Bourgine Delétang, demeurant à Sillé, avec Marie-Renée-Françoise Jeurfaul, fille du sieur René-François Jeurfaul, marchand, et de feu Marie-Madeleine Letessier, de cette ville. Signé : Marie Jeurfaul, F. Campeaux-Desaint, Percheron, Bucquet, Balavoine, Julliot Morandière, Couppel des Ponceaux, Fossé, curé, E. Fortis, curé de Sougé.

8 avril 1781. Baptême de Marie-Françoise-Jeanne, décédée le 2 mars 1785, fille du sieur Joachim Le Guicheux, marchand-tanneur, né à Loupfougères, âgé de 45 ans, et de demoiselle Françoise Leroy, âgée de 40 ans, né à Averton où ils ont reçu la bénédiction nuptiale, en février 1774. Parrain, J.-Baptiste Le Guicheux, prêtre, vic. de Beaumont-le-Vicomte, oncle paternel; marraine, demoiselle Marie Boulvraye, femme du sieur Jacques Bordeaux, négociant à Fresnay. — 1782. René Goslin, marchand-boulanger; de L'Espinasse, vic. de Fresnay. 1783. Brochard, François Rimbault, vicaires de Fresnay. — 25 avril 1782. Baptême de Henri-Alexandre, fils de M⁰ Thomas-Alexandre Bucquet, conseiller du Roi, bailli de Fresnay, âgé de 43 ans et né à Fresnay, et de dame Marie-Anne Balavoine de La Trullière, née à Saint-Georges-de-Villaines. Parrain, M⁰ Henri-Étienne Troussard, receveur des consignations au bailliage de céans; marraine, Jeanne-Françoise Balavoine de La Trullière, veuve de M⁰ Henri-François de Boudé, conseiller du Roi, à Domfront.

8 décembre 1782. Prise de possession de la cure de Fresnay par M⁰ Mathurin Couppel-des-Ponceaux, vicaire dudit lieu. — 20 juillet 1784. Mariage du sieur Louis-François Herbin, feudiste, âgé de 35 ans, né à Mont-Saint-Jean, y demeurant, fils de François, maître-chirurgien, audit lieu, et de défunte Jeanne-Françoise Touschard, avec demoiselle Scholastique Mouton, âgée de 30 ans, fille de feu M⁰ Alexandre Mouton, notaire, et de demoiselle Marie Joussot. Le mari assisté de sa sœur, Anne Herbin-Durocher. (Leur fils Louis-François-Alex. fut baptisé le 25 octobre 1785; Henri, id. le 15 mars 1788.)

30 août 1784. Mariage de René-Casimir Le Geay, greffier au siège du grenier à sel de cette ville, 30 ans, fils de René, notaire royal à Fresnay, et de demoiselle Catherine de La Maignée, avec demoiselle Henriette de Boudé, 23 ans, de Domfront en

Passais, fille de Henri-François de Boudé, conseiller du Roi, à Domfront, et de dame Jeanne-F. Balavoine de La Trullière, demeurant à Villaines. — 1784. Baptêmes, 54; mariages, 20; sépultures, 32. — 31 mars 1784. Inhumation, dans le grand cimetière, à l'angle gauche de la chapelle de Saint-Joseph, de M° Robert-André Fossié, prêtre, bachelier en théologie, ancien prieur commendataire et curé de cette paroisse, titulaire de la prestimonie de Notre-Dame de Pitié, en l'église de Montreuil-le-Chétif, et de celle de La Joumellerie, à Saint-Germain-de-la-Coudre, né dans ladite paroisse, décédé dans la maison curiale de cette ville, à l'âge de 65 ans. Présents : Georges Hiron, curé de Douillet, René Fortis, curé de Sougé-le-Ganelon, Amand-Fidèle-Constant Thébault de Monhaison, curé de Saint-Georges-le-G., Jean-Charles Thébault de Monhaison, curé des Mées, Urbain-Henri Delelée, curé de Saint-Ouen-de-M., Hilaire Galais, curé de Saint-Christophe, Mathurin Couppel-des-Ponceaux, prieur curé de cette ville, Pierre Rimbault, vicaire de Fresnay, Pierre Gevrouin, curé de Saint-Aubin-de-L...

9 avril 1784. Baptême de Mathurin-Michel, fils d'Alexandre-Ch. Mouton, notaire royal à Fresnay, né à Beaumont-le-Vicomte, et de demoiselle Marie Lescure, son épouse, née à Pré-en-Pail. Parrain, Jacques-Mathurin Le Marchand, avocat en Parlement, maître des grosses forges de Laune et de La Bataille, demeurant à Montreuil, cousin issu de germain au côté maternel. — 21 nov. 1786. Mariage d'Emmanuel-Georges Hatton-Grillemont, fils de Georges Hatton et de demoiselle Mathurine-F... Guitton, née à Ségrie, avec Anne-Françoise-Olympe Leconte, âgée de 22 ans, née à Saint-Léonard, diocèse de Sées. Présent : Bonaventure-J. G. Hatton, licencié en droit, notaire à Fresnay, frère de l'époux. — 1787. M° Charles-Jérôme Levain, conseiller de Monsieur, lieutenant civil et criminel au bailliage de Fresnay, expédie les registres de l'état civil, en l'absence de M. le bailli.

2 juillet 1787. Mariage de Charles-René Gallais, marchand, 24 ans, fils d'Urbain, bourgeois, à Fresnay, et de Charlotte Maignée, avec Marie Fouqué, née à Alençon, 20 ans, par Urbain Gallais, prêtre de l'Ordre des frères prêcheurs, résidant à la maison de Nantes, frère du marié, en présence de Campeaux-Desaint, cousin. — 7 août 1787. Mariage de M° René-Michel Provost, premier huissier royal au siège criminel de Fresnay, né le 1er juillet 1754, de René-Gabriel, aussi huissier, et de Renée Deschamps, avec Élisabeth-Jeanne Cabour.

15 juin 1788. Baptême de Marie-Pauline, fille de M° Pierre-

François Le Guicheux de Langlechère, conseiller du Roi et de Monsieur, et leur procureur au siège de Fresnay, originaire de Saint-Martin de Loupfougères, 31 ans, et de demoiselle Marie-Anne-Françoise Chevalier, du Mans. Parrain, M⁰ René Chevalier, conseiller du Roi, notaire honoraire et receveur du Chapitre du Mans, aïeul maternel ; marraine, demoiselle Françoise Leroy, tante paternelle, femme de Joachim Le Guicheux, marchand de cette ville. Signé : Leguicheux de Langlechère, J. Leguicheux. — 21 juillet 1788. Mariage de Joseph-Pierre Moulinneuf, marchand, 23 ans, né à Ballon, y demeurant, avec Marie Troublet, née en 1766, fille de Jean, marchand. — 1788. Cenéric Jousselin, meunier, à Fresnay. — 5 sept. 1789. Baptême de Jean-Baptiste-Victor, fils de M⁰ P.-F. Leguicheux de Langlechère. Parrain, M⁰ Jean-Baptiste Leguicheux, curé de Beaumont, oncle paternel ; marraine, demoiselle Marie-Madeleine Mareau, épouse du sieur Jacques Leguicheux, marchand-cirier, de Villaine-la-Juhel, tante paternelle.

17 nov. 1789. Mariage de M⁰ Jean Brilland, avocat en parlement et au siège de Fresnay, né le 2 mai 1761, de Jean Brilland, bourgeois et de Renée Edon, de Fresnay, avec demoiselle Renée-Françoise-Anne Gallais, 22 ans, fille d'Urbain Gallais, bourgeois, demeurant à Fresnay, et de déf. Renée-Charlotte Maignée, l'époux assisté de son beau-frère, René Berger, marchand, époux de Renée Brillant, lad. épouse assistée de son père, du sieur Charles-René Gallais, marchand et de Marie Fouquet, son épouse, et demoiselle Rosalie-Charlotte-Marie Gallais, son frère, belle-sœur et sa sœur. Signé : Gallais, Renée Gallais, Jean Brilland, Gallais des Friches... — 4 avril 1790. Baptême de Jean-Urbain Brilland, fils des précités. Parrain, Urbain Gallais, bourgeois, capitaine d'artillerie de la milice nationale de cette ville, aïeul maternel ; marraine, Renée Edon, aïeule. Signé : Hatton-Grillemond, marchand de toiles, à Fresnay... — 1ᵉʳ juin 1790. Mariage de M⁰ Guillaume Montazeaud, 27 ans, à Fresnay depuis deux ans, contrôleur des Aides, fils de Fiacre Montazeaud, receveur des Aides à Ingrandes, et de demoiselle Marie Tachet, avec demoiselle Charlotte Contencin, fille, baptisée à Saint-Michel-du-Tertre, ville de Poitiers, demeurant à Fresnay depuis un an, 23 ans, iss. de Pierre-François-Nicolas-Marie Contencin, directeur de la régie générale des Aides à Tours, y demeurant, paroisse de Saint-Hilaire, et de dame Agathe-Félicité Robert, ses père et mère lesquels avaient célébré leur mariage à Saint-Pavin de la ville du Mans, depuis 25 ans. — 7 janvier 1791.

Baptême de Marie-Émilie Leguichoux, fille du sieur de Langlechère.

3 mai 1791. Mariage de Joseph-Pierre M. L. Cormaille, marchand, et d'Anne Loudière. — 16 juillet 1791. Baptême de Charles-René Gallais, fils de René-Charles, marchand, et de Marie Fouqué, par Urbain-Ant. Gallais, prêtre, oncle paternel. — 1er déc. 1791. Baptême de Thomas-Jean Fleury, fils de Thomas, marchand, et de Madeleine Dufour. — 1792. Signature de Gallais, dominicain, et d'Antoine Dalleaume, clerc. — 20 juin 1792. Baptême de Cressence-Anne-Marie, fille de René-Charles Gallais, marchand, capitaine de la garde-nationale de cette ville, et de Marie Fouqué. — 16 juillet 1792. Mariage de François-Julien Guyon, 32 ans, greffier du tribunal du district de Fresnay, issu de François-Nicolas-René Guyon, né à Saint-Mars-du-Désert, avec demoiselle Marie Leclair, 34 ans, fille, marchande drapière, à Fresnay, née au Cap français, île et côte Saint-Domingue.

Me Couppel des Ponceaux, curé, enregistre son dernier baptême sur le registre, le 13 novembre 1792, c'est celui de Marie-Josephe Lecomte. Ce baptême est suivi de ces lignes : « Clos et arrêté le présent registre par nous Michel Lemarchand, maire de la ville de Fresnay-le-Vicomte, en exécution de l'article 1er du titre 6 de la loi du 20 septembre dernier, ce 15 novembre 1792, l'an 1er de la République Française. » Signé : Lemarchand. — Avenau, officier public enregistre les enfants, les premiers sont deux jumeaux, Justine-Françoise et Jean-Baptiste Gayet, 16 novembre 1792. — Avenau n'inscrit que trois enfants, puis Me Couppel des Ponceaux continue l'enregistrement tout en baptisant. Il commence ainsi l'inscription : l'an 1er de la Rép. française, a été baptisé par nous curé et officier public soussigné...

L'en tête du registre de 1793, est signé, Petibon administrateur du District. — 1 janvier, 1793, M. Urb. A. Gallais baptise Victoire-Julie-Alexandrine Gorget et M. Couppel des P. dresse l'état civil en sa qualité d'officier public. — 27 mars 1793. Baptême de François-Amand Guyon, fils des précités. Parrain, Amand-Fidèle-Constant Thebault, curé de Saint-Georges-le-G.. — 1er jour de la 1re décade du second mois de la 2e année de la République Française une et indivisible, ou vulgairement le 22 oct. 1793, Baptême de Clélie, fille du citoyen Pierre-François Leguichoux, commissaire national près le tribunal du District de Fresnay-s.-Sarthe, et de la citoyenne Marie-Anne Chevalier, signé : Le Guichoux, Couppel des Ponceaux. — 4 novembre 1793. Naissance de Victurie, fille de Charles-René Gallais. Témoins : le citoyen Jean Brilland, procureur syndic du District de Fresnay, beau-frère dudit Gallais, et la citoyenne Rosalie-Charlotte-Marie Gallais, épouse du citoyen Osmont, marchand à Alençon, et le citoyen Urbain-Antoine Gallais, prêtre, oncle de l'enfant.

25 nov. 1793, ou 5 frimaire an II. Naissance de Joseph, fils de Joseph Montazeaud, né à Barbezieux, département de la Charente, secrétaire du District, 36 ans, et d'Antoinette-Louise Lefebvre. Signé : Montazeaud, oncle, Montazeaud, père, Couppel des Ponceaux. — 1 floréal an II. Naissance de Florine, fille de Joseph Cormaille, fabricant de toiles, et de Anne Loudière.

Il y a un registre pour les publications de mariages, id. des actes préliminaires du divorce pendant l'année 1793. Signé : Pottier, vice-président. M. Couppel des Ponceaux est l'agent municipal qui signe les actes. Il s'intitule : Membre du Conseil général de la commune de Fresnay, nommé par délibération du 4 décembre 1792. Toutefois, à partir de floréal an II, l'action du prêtre disparaît et Fouqué succède à M. Couppel des P. en qualité d'officier public.

5 février 1793. Mariage d'André-René Chaumont, âgé de 26 ans, demeurant à Fresnay depuis deux ans, né à Assé-l-B..., adjoint du secrétaire greffier du District de Fresnay, fils d'André Chaumont, marchand, avec Jeanne-Gabrielle Dubut, âgée de 36 ans, fille de Jean Dubut, marchand, et de Marie Vavasseur, de Fresnay, l'époux assisté de Jacques Clopeutre, marchand, à Gesnes-le-G... et de Renée Chaumont, son épouse, son beau-frère et sa sœur ; l'épouse assisté de J.-Baptiste-Pierre Dubut, homme de loi, demeurant au Mans, de Marie et Anne Dubut, frère et sœurs de Nicolas-Manuel Beauplant, Alexandre Manuel et Marie Manuel, épouse du sieur Frenais, lieutenant de la gendarmerie à l'armée de M. de Valence, ses frères et sœurs utérins.

5 février 1793. Mariage d'Étienne-Joseph Montazeaud, secrétaire greffier du district de Fresnay, 27 ans, né à Barbezieux, fils de Fiacre, avec Jeanne-Antoinette-Louise Lefebvre, 23 ans, fille de Jean-Charles Lefebvre, et de Louise-Él. Dalleaume, bourgeoise, née à Gesnes-le-G... L'épouse est assistée de M⁰ Antoine Dalleaume, oncle maternel, du sieur Gilles-Michel Petitbon, administrateur du District, et de Marquise-Antoinette Pavy... — 1794 Bonaventure-Joseph-Georges Hatton, maire de la commune de Fresnay.

Lettre du citoyen Posté, commissaire du directoire de Fres-

nay, au commissaire central de la Sarthe, 4 frimaire an VII.
«... Je savais bien, citoyen collègue, que les citoyens Gallais, ex-jacobin, Coupel, ex-curé de Fresnay, et Clopeutre, ex-curé de Saint-Aubin, mariaient et baptisaient chez eux, et dans des maisons particulières je ne m'y suis pas opposé, parce qu'au terme de la loi du 7 vendem. an IV, section III, art. XVI, cela n'est pas défendu, pourvu que dans les maisons particulières il n'y ait pas un rassemblement excédant dix personnes... mais j'ignorais que ces citoyens rédigeassent des actes de l'état civil ; je n'ai point encore fait faire de fouille chez eux à l'effet d'enlever ces registres...»

P. MOULARD.

TABLE

Notice de Notre-Dame de Fresnay-sur-Sarthe 1-5
Analyse des comptes de fabrique. 7-37
Déclarations et aveux faits aux seigneurs de Fresnay 39-45
Recettes et dépenses de la châtellenie de Fresnay-le-Vicomte . . 47-48
Analyse des registres paroissiaux des baptêmes, mariages et
   sépultures de Fresnay le-Vicomte. 49-84

www.ingramcontent.com/pod-product-compliance
Lightning Source LLC
LaVergne TN
LVHW050558090426
835512LV00008B/1220